植松　希久磨　Kikuma Uematsu
何　秋平　He Qiuping
原瀬　隆司　Takashi Harase

共 著

駿河台出版社
SURUGADAI SHUPPANSHA

◆

本書の音声は駿河台出版社ホームページから無料でダウンロードできます。下記URLを入力するか、弊社ホームページから「新装版Campus 汉语」を検索し、音声をダウンロードしてください。音声ファイルは圧縮されていますので、スマートフォンでご利用の場合は解凍ソフトをアプリストアよりダウンロードの上、ご使用ください。

http://www.e-surugadai.com/books/isbn978-4-411-03121-1

●表紙デザイン　🎲dice
●本文イラスト　小熊　未央

まえがき

　本テキストは中国語を初めて学ぶ人のために編まれた初級テキスト——『Campus 汉语』の新装版です。

　このテキストの大きな特徴は、学習者に予め各課の本文の内容がわかるように、和文訳とイメージ化した３枚の挿絵を各課に配している点にあります。

　もうひとつの特徴は、各課で取りあげる文法項目を最小限にとどめ、「漢字・ピンインを書き写し、音声を聞き、漢字を読む」機会がおおく得られるよう、豊富なドリルを各課に配している点にあります。

　各課は、それぞれ「本文」、「新出単語」、「単語ノート」、「キーワード」と「ステップ」の１と２のドリルから構成されています。ドリル部分の「ステップ１」では、ピンインと連語を中心に復習し、また「ステップ２」では「言い換え」で語彙力のアップをはかり、「穴埋め」を通じて語順の習得をめざせるようにしました。

　発音篇の発音練習(1)、発音練習(2)、到達度テストは、母音・子音・声調・連読変調などの細目にわたり、さまざまな練習ドリルを設けています。こうした発音練習はきっと本文の学習に役立つものと考えております。また、漢字の字形についても簡体字の造字の規則をドリルを用いて紹介しております。

　単語はほぼ５００語を採っています。初級の基本単語を中心にしていますが、「ステップ２」のドリルには、それ以外の頻度が高いと思われる生活用語が若干含まれています。

　なお、テキストを編むにあたり、ピンインの表記は『漢語拼音正詞法基本規則』に依っています。また、発音と品詞規定は『現代漢語詞典』（第６版）に依っています。簡体字の造字規則については、『現代漢語』（黄伯栄他 1985, 2013）に依っています。

　本テキストには、単語選択の過不足や文法説明などに不備などがあるかもしれません。このテキストを採用していただいた教授者の方々には、それらに対して是非ともご教示とご批判をお寄せいただきたく願っています。

　最後になりましたが、このたびの新装を強く勧めていただいた駿河台出版社の井田洋二社長には心からのお礼を申し上げます。また、編集者の浅見忠仁さんにはテキストの構成と内容の一部更新に一方ならぬお骨折りをいただきました。ここに記してお礼を申し上げます。

編　者

Contents

内容目次

まえがき　3
発音編　7
　Part1　① 音節と声調　② 母音
　　　　　発音練習(1)
　Part2　③ 声調　④ 子音
　Part3　⑤ ピンイン表記法　⑥ 軽声　⑦ 儿化韻　⑧ 連読変調
　　　　　発音練習(2)
　発音到達度テスト
音節表　22
ストーリー　24

☞ タイトル	☞ キー・ワード	☞ 文法項目・表現・語彙等
第 一 课		**26**
自我介绍	・"吗" ・"是" ・"姓"と"叫"	名詞述語文 "吗"疑問文 名前の言い方 数詞 人称代名詞
第 二 课		**32**
生　日	・"的" ・"和～一样" ・"岁"	"是"を用いない名詞述語文 連体修飾語を作る"的" 月日・年齢の言い方 量詞 親族呼称 時間名詞
第 三 课		**38**
打电话	・"有"と"没有" ・"多少"	所有表現 反復疑問文 数量の尋ね方 いくつかの疑問代名詞 指示代名詞
第 四 课		**44**
你住哪儿？	・"离～(远)" ・"在"	形容詞述語文 "在"の二つの用法 疑問文のまとめ 場所名詞

第 五 课			50
想 买 什么？	・"想" ・"‐的"	動詞述語文 "的"の名詞化用法	

第 六 课			56
吃 饭	・"呢" ・"怎么样" ・"不" ・"会"	省略疑問文 否定の表現 (1) 助動詞 国名と言語 いろいろな食べ物	

第 七 课			62
打 工	・"找找" ・"没（有）" ・"给" ・"了" と "吧"	動詞の重ね型 否定の表現 (2) 方位詞	

第 八 课			68
学 外语	・"学了三年" ・"‐过"	補語 (1) 過去の経験と完了の表現	

第 九 课			74
生 病	・"能" ・"下午"	時間名詞などの副詞用法	

第 十 课			80
在 图书馆	・"在＋V" ・"喜欢"	動作の進行表現 動詞を目的語にとる動詞 時間名詞と時間副詞 基本動詞	

第 十一 课			86
写 信	・"比"	比較の表現 外来語	

第 十二 课			92
去 旅行	・文末に添える "了" ・"〜次"	二つの "了" 補語 (2)	

語句索引　　98

▶▶ テキストの記号とピンイン表記について ▶▶

1. 連語についてはピンインを分かち書きにしてあります。
    例： **坐车**　zuò chē

2. ピンイン表記の"/"は離合動詞を表します。
    例： **搬家**　bān / jiā

3. "-的，-了，-过，-在"などの「-」は接尾辞的な助詞としての用法であることを表わします。

4. "不"と"一"の声調は「課文」では、変調しない本来の声調で表記しています。
   「ステップ1」、「ステップ2」では、連読変調後の声調で表記しています。
   「第3声+第3声」の変調についても同じです。

発音編

part 1

1 音節と声調
2 母音
　単母音
　複合母音
　鼻母音

part 2

3 声調
4 子音

part 3

5 ピンイン表記法
6 軽声
7 特殊母音の[er]とル化韻
8 連読変調

Part 1　音節と声調、母音（単母音、複合母音、鼻母音）

1　音節と声調

　中国語の音節は、子音と母音（鼻母音を含む）の組み合せに、更に高低アクセントを表す声調が合わさって構成されます。この音節を表記する中国式ローマ字の字母を「ピンイン字母」と言います。（このテキストでは単に「ピンイン」と略称します。）

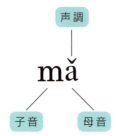

2　母　音 🔊1

単母音、複合母音、鼻母音があります。

単母音（6個）

> a　o　e　i(yi)　u(wu)　ü(yu)

aからüへ、口の開け方が大きい順に並べてあります。しっかり音の特徴をつかみましょう。

──● 発音のポイント ●──

a	「あ」より口を大きく開いて発音します。
o	「お」より唇を更に丸くして発音します。
e	「え」の唇を保ったまま、「お」を発音します。
i	「い」より唇を左右に更に引っ張って発音します。
u	「う」より唇を更に丸く突き出して、舌をうしろに引いて発音します。
ü	「い」の舌の位置を保ち、唇は突き出して（口笛を吹く形）発音します。

複合母音（13個） 🔊2

ai	ei	ao	ou	
ia (ya)	ie (ye)	ua (wa)	uo (wo)	üe (yue)
iao (yao)	iou (you)	uai (wai)	uei (wei)	

● 発音のポイント ●

ao	o は [u] と [o] の中間の音
ei ie (ye) üe (yue) uei (wei)	これらの e は単母音の /e/ と異なり、舌がまえ寄りに来る「え」で発音します。

鼻母音（16個） 🔊3

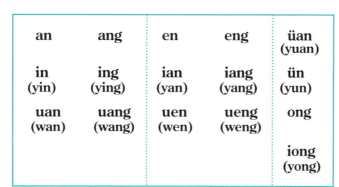

● 発音のポイント ●

-n	舌の先を上の歯茎の裏につけて発音します。 「案内」「神主」などの「ん」
-ng	舌の後部を奥に引いて、息を鼻から上へ抜くように発音します。 「案外」「今後」などの「ん」

発音練習(1)

単母音と声調

🎧4 (一) 発音しなさい。

① ǎ　　② ó　　③ yī　　④ yū　　⑤ é
⑥ wù　　⑦ wú　　⑧ ā　　⑨ ǒ　　⑩ è
⑪ yǔ　　⑫ yí　　⑬ á　　⑭ yǐ　　⑮ ò
⑯ ě　　⑰ wǔ　　⑱ yú　　⑲ ē　　⑳ à

🎧5 (二) 発音を聞いて、声調符号をつけなさい。

① a　　② yi　　③ wu　　④ e　　⑤ yu
⑥ o　　⑦ e　　⑧ a　　⑨ wu　　⑩ yi
⑪ yu　　⑫ o　　⑬ wu　　⑭ e　　⑮ a
⑯ yi　　⑰ wu　　⑱ e　　⑲ o　　⑳ yu

🎧6 (三) 発音された方に〇をつけなさい。

① á — ǎ　　② ǒ — ó
③ ē — é　　④ yì — yí
⑤ yǔ — yú　　⑥ wū — wú
⑦ yǐ — yǔ　　⑧ ā — ē
⑨ wǔ — ǒ　　⑩ yū — yī

🎧7 (四) 発音しなさい。

① āyí　（阿姨）　② yǔyī　（雨衣）
③ Wǔ-Yī　（五一）　④ Éyǔ　（俄语）
⑤ èyì　（恶意）　⑥ èyú　（鳄鱼）

複合母音

8 (一) 発音しなさい。

① ào ② óu ③ ài ④ ěi ⑤ yā
⑥ yuè ⑦ wǒ ⑧ yé ⑨ yòu ⑩ yáo
⑪ wài ⑫ wěi ⑬ áo ⑭ yà ⑮ yuē
⑯ ǒu ⑰ wō ⑱ yě ⑲ wèi ⑳ wá

9 (二) 発音を聞いて、声調符号をつけなさい。

① wo ② ai ③ ou ④ ya ⑤ ei
⑥ wai ⑦ ye ⑧ wa ⑨ yue ⑩ you
⑪ wei ⑫ ao ⑬ yao ⑭ wo ⑮ ai
⑯ ei ⑰ yue ⑱ wai ⑲ you ⑳ wa

10 (三) 発音された方に○をつけなさい。

① ái — ài ② ēi — ěi ③ āo — áo
④ òu — óu ⑤ yá — yā ⑥ yé — yè
⑦ wā — wà ⑧ wǒ — wó ⑨ yuē — yuè
⑩ yào — yáo ⑪ yǒu — yōu ⑫ wāi — wǎi
⑬ wèi — wéi ⑭ wá — wái ⑮ yé — yué
⑯ yòu — òu ⑰ wéi — éi ⑱ ǎi — wǎi
⑲ yāo — āo ⑳ yá — wá

11 (四) 発音しなさい。

① wàiyǔ（外语） ② yīyuè（一月） ③ yěwài（野外）
④ yóuyú（鱿鱼） ⑤ wǒyào（我要） ⑥ yāowéi（腰围）

鼻母音

🔊12 （一）発音しなさい。

① yán　　② yuān　　③ àn　　④ yàng　　⑤ wǎng
⑥ wēn　　⑦ èn　　⑧ yún　　⑨ yīng　　⑩ yín
⑪ ēng　　⑫ ōng　　⑬ yòng　　⑭ yìng　　⑮ wēng
⑯ ěr　　⑰ wèn　　⑱ yuǎn　　⑲ èr　　⑳ yǐn

🔊13 （二）発音を聞いて鼻母音を書きなさい。

① b___　　② p___　　③ w___　　④ w___
⑤ y___　　⑥ t___　　⑦ d___　　⑧ ch___
⑨ z___　　⑩ y___　　⑪ y___　　⑫ w___
⑬ l___　　⑭ ch___　　⑮ h___　　⑯ l___
⑰ x___　　⑱ w___　　⑲ g___　　⑳ c___

🔊14 （三）発音された方に○をつけなさい。

① ēng — ōng　　② ān — āng　　③ yīn — yīng
④ wān — wāng　　⑤ yūn — yīn　　⑥ fān — fāng
⑦ wén — wèn　　⑧ yǎn — yǎng　　⑨ wán — wáng
⑩ èn — òng　　⑪ yún — yíng　　⑫ chóng — cóng
⑬ zhǎn — zhǎng　　⑭ shuāng — shān　　⑮ téng — tóng
⑯ jiān — qiān　　⑰ kēng — gōng　　⑱ líng — lín
⑲ hǎn — huǎn　　⑳ yàn — yuàn

🔊15 （四）発音しなさい。

① yǎnjing（眼睛）　　② qíngtiān（晴天）　　③ jiāngshéng（缰绳）
④ wǎnfàn（晚饭）　　⑤ mínyíng（民营）　　⑥ chóngcǎo（虫草）

Part 2　声調、子音

3　声　調

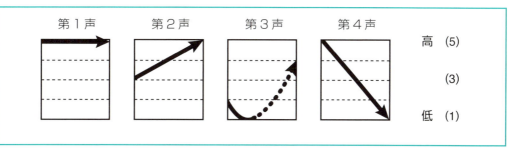

●音の高低変化の4パターンを覚えましょう。🔊16

　　　　ā　　á　　ǎ　　à　　　　āi　ái　ǎi　ài
　　　　āo　áo　ǎo　ào　　　　ān　án　ǎn　àn

● 高低パターンの特徴 ●	
第1声	高く平らに。
第2声	低い音から始まり、一気に高くする。
第3声	低い音から始まり、その後更に低くし、のど鳴りを伴う。
第4声	高い音から始まり、一気に低くする。

4　子　音（21個）🔊17

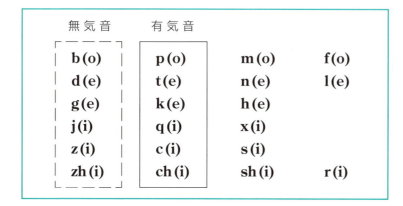

●各子音ともうしろに（　）内の母音をつけて発音練習します。特に、[j, q, x] [z, c, s] [zh, ch, sh, r] と表記される各子音の、うしろに来る3つの / i / の音声の違いに注意して覚えましょう。

● 発音のポイント ●

[j, q, x] のグループ

舌先を下の歯の裏側に押し当て、舌面と上あごの間に閉鎖・隙間を作り、破裂・摩擦させて発音します。/ x / は摩擦音です。「ジ、チ、シ」と発音します。

[z, c, s] のグループ

舌先の上部を上の歯の裏側に押し当て、閉鎖・隙間を作り発音します。/ s / は摩擦音です。「ズゥ、ツゥ、スゥ」と発音します。母音の / i / は「イ」と異なり、開口の「ウ」と発音します。

[zh, ch, sh, r] のグループ

舌先を上の歯茎に押しあて、そのまま舌先をうしろにずらせてゆき、硬口蓋前部に近づくと舌はスプーン状になります。その際、「ジー、チー、シー、リー」と発音すると、/ zh, ch, sh, r / の音声となります。/ r / は / sh / の有声音で、声帯を振わせます。

有気音 [p, t, k, q, c, ch]

対応する無気音 [b, d, g, j, z, zh] と発音部位は同じですが、強い呼気を伴って発音します。

[h]

日本語の「は行」のように口先で出す音ではなく、寒さでかじかんだとき、息を吐きかけるように、のどの奥から発音します。

➡ 早口ことば ràokǒulìng 绕口令

sì shì sì　　　　shí shì shí
四 是 四　　　　十 是 十

shísì shì shísì　　sìshí shì sìshí
十四 是 十四　　四十 是 四十

shísì bú shì sìshí　sìshí bú shì shísì
十四 不 是 四十　四十 不 是 十四

子 音

18 (一) 発音しなさい。

① bō　　② mó　　③ pò　　④ fō　　⑤ nē
⑥ dè　　⑦ tè　　⑧ gé　　⑨ hē　　⑩ lè
⑪ kē　　⑫ qí　　⑬ jǐ　　⑭ rì　　⑮ zì
⑯ zhí　 ⑰ shǐ　 ⑱ sì　　⑲ cì　　⑳ chí

19 (二) 発音を聞いて、子音を書きなさい。

① ___ài　　② ___ái　　③ ___à　　④ ___à
⑤ ___uǒ　　⑥ ___uǐ　　⑦ ___ái　　⑧ ___ǎo
⑨ ___è　　⑩ ___iù　　⑪ ___ué　　⑫ ___ù
⑬ ___iǎo　⑭ ___iē　　⑮ ___ēi　　⑯ ___uǐ
⑰ ___ǎo　⑱ ___è　　⑲ ___ǎo　　⑳ ___iáo

20 (三) 発音された方に○をつけなさい。

① bō — pō　　② tā — dā　　③ fēi — hēi
④ jī — qī　　⑤ zǎo — cǎo　⑥ chī — cī
⑦ rù — ruò　　⑧ cì — sì　　⑨ chū — zhū
⑩ shuō — suō　⑪ xí — jí　　⑫ zuò — zòu
⑬ mí — ní　　⑭ diū — jiū　⑮ qué — jué
⑯ rè — lè　　⑰ cū — zū　　⑱ zhǎo — chǎo
⑲ huí — kuí　⑳ kè — cè

21 (四) 発音しなさい。

① xuéxí（学习）　② shuō huà（说话）　③ chū guó（出国）
④ liúxué（留学）　⑤ fùmǔ（父母）　　⑥ xià yǔ（下雨）

Part 3　ピンイン表記法、軽声、儿化韻、連読変調

5　ピンイン表記法

(1) [i, u, ü] から始まる音節は、⇨ 右側のように表記します。

  i ⇨ **yi** in ⇨ **yin** ing ⇨ **ying** ia ⇨ **ya** iong ⇨ **yong**
  u ⇨ **wu** ua ⇨ **wa** uen ⇨ **wen**
  ü ⇨ **yu** üe ⇨ **yue** ün ⇨ **yun**

(2) 複合母音 [iou, uei, uen] が子音と結び付く場合は、⇨ 右側のように表記します。
- [iou, uei, uen] の、下線の音は「わたり音」と見なして、表記するときには省略します。
- [-iu, -ui] を含む音節の声調符号は、それぞれうしろの母音 u, i につけます。

  d-iou ⇨ **diu** n-iou ⇨ **niu**
  g-uei ⇨ **gui** z-uei ⇨ **zui**
  l-uen ⇨ **lun** sh-uen ⇨ **shun**

(3) /ü/ から始まる母音が、子音 [j, q, x] と結び付く場合は、ウムラウトをつけません。

  j-ü ⇨ **ju** q-üan ⇨ **quan**

(4) 隔音符号

　[a, o, e] から始まる音節が単語の中にある場合、/ 'an / / 'e / のように「'」の符号をつけて、他音節との区別を明確にします。

  Xī'ān Tiān'ānmén biǎn'é

6　軽　声　🔊22

音節の中には、本来の声調を失って、軽く短く発音されるものがあり、これを「軽声」といい、その文字を「軽声字」といいます。軽声の音節には声調符号はつけません。

  bàba xuésheng yǐzi tāmen mùtou

7 特殊母音の [er] とル化韻 🔊23

単母音には、先に揚げた6つの他に、常に単独で音節をなす / er / があります。発音のしかたは、あいまい母音の / e / を発音しながら、同時に舌をそり上げ内側に巻き込みます。その際、舌先は口蓋に触れません。

単語の中には、漢字で「儿」、ピンインで / r / と表記される音の響き（＝韻）を持つ単語があります。これは / er / が接尾辞として前の音節の一部に組み込まれ、/ r / のそり舌の動作だけに変化したものです。この音節を「ル化韻」といいます。

   èr mù'ěr yòu'éryuán
   huàr māor kuàir ménr xiànr

8 連読変調 🔊24

次の (1) ～ (3) の音節は、他の音節と連続して発音される時、本来の声調に変化が起きます。これを「連読変調」といいます。

(1) 第3声と第3声の連読変調

   ní + hǎo jí + diǎn ké + yǐ láo + jiǔ shuí + guǒ

(2) "不" bù の連読変調

   bú qù   bú mài   bú duì

(3) "一" yī の連読変調

   yì tiān   yìbiān
   yì nián   yìzhí
   yìqǐ   yìdiǎnr
   yíxià   yídìng

但し、序数の場合は変調しません。

   yī jiǔ jiǔ yī nián dì yī kè yīyuè
   一九九一年   第一課   一月

連読変調　　軽声　　儿化韻

🔊25 （一）第三声と第三声の連読変調に注意して発音しなさい。

① nǐ hǎo　　　② yǔsǎn　　　③ fěnbǐ　　　④ lǚguǎn
（你好）　　　（雨伞）　　　（粉笔）　　　（旅馆）

⑤ jǐ diǎn　　　⑥ kěyǐ　　　⑦ shuǐguǒ　　⑧ bǎoxiǎn
（几点）　　　（可以）　　　（水果）　　　（保险）

⑨ shǒubiǎo　　⑩ shǒuzhǐ　　⑪ dǎjiǎo　　⑫ zuǒshǒu
（手表）　　　（手指）　　　（打搅）　　　（左手）

⑬ hǎoyǒu　　　⑭ Fǎyǔ　　　⑮ xǐzǎo　　　⑯ Yǎhǔ
（好友）　　　（法语）　　　（洗澡）　　　（雅虎）

🔊26 （二）"不"の変調に注意して発音しなさい。

① bù lái　　　② bù chī　　　③ bù wǎn　　　④ bù hǎo
（不来）　　　（不吃）　　　（不晚）　　　（不好）

⑤ bú shì　　　⑥ bú qù　　　⑦ bú duì　　　⑧ bú kuài
（不是）　　　（不去）　　　（不对）　　　（不快）

🔊27 （三）"一"の変調に注意して発音しなさい。

① yì tiān　　　② yì nián　　　③ yì wǎn　　　④ yì běn
（一天）　　　（一年）　　　（一碗）　　　（一本）

⑤ yí wàn　　　⑥ yí ge　　　⑦ yí zhàn　　　⑧ yígòng
（一万）　　　（一个）　　　（一站）　　　（一共）

🔊28 （四）軽声字に注意して発音しなさい。

① bàba（爸爸）　② érzi　（儿子）　③ xǐhuan（喜欢）　④ěrduo　（耳朵）
⑤ yǐzi　（椅子）　⑥ xièxie（谢谢）　⑦ kèqi　（客气）　⑧ wǒmen（我们）

🔊29 （五）儿化韻に注意して発音しなさい。

① wánr　　　② huàr　　　③ shìr　　　④ huār
（玩儿）　　　（画儿）　　　（事儿）　　　（花儿）

⑤ hǎohāor　　⑥ mànmānr　　⑦ yìdiǎnr　　⑧ chàng gēr
（好好儿）　　（慢慢儿）　　（一点儿）　　（唱歌儿）

発音練習(2)

🔊30 (一) 変調後の声調符号に直し、発音しなさい。

① jǐ diǎn → ji dian
几点
② yǔsǎn → yusan
雨伞
③ Nǐ hǎo → Ni hao
你好
④ lǚguǎn → lüguan
旅馆
⑤ yīyàng → yiyang
一样
⑥ yīqǐ → yiqi
一起
⑦ yī liàng → yi liang
一辆
⑧ yī tiān → yi tian
一天
⑨ bù shì → bu shi
不是
⑩ bù gòu → bu gou
不够
⑪ yī nián → yi nian
一年
⑫ yī wàn → yi wan
一万

🔊31 (二) 発音された方に○をつけなさい。

① huà - huàr
② biānr - biān
③ shì - shìr
④ huāzi - huāzǐ
⑤ dìfang - dìfāng
⑥ shēngrì - shēngri
⑦ yíkuài - yíkuàir
⑧ shìshi - shìshì
⑨ dòubāor - dòubāo
⑩ chuānzhuó - chuánzhe
⑪ xiǎngxiang - xiǎngxiàng
⑫ zhàopiān - zhàopiānr

🔊32 (三) 発音しなさい。

① yǔfǎ
(语法)
② shuǐguǒ
(水果)
③ zhěnglǐ
(整理)
④ hěn hǎo
(很好)
⑤ yí cì
(一次)
⑥ yí zhàn
(一站)
⑦ yìdiǎnr
(一点儿)
⑧ yíkuàir
(一块儿)
⑨ bù lái
(不来)
⑩ bú qù
(不去)
⑪ bù hǎo
(不好)
⑫ bú shì
(不是)

発音到達度テスト

(100点)

🎧33 (一) 発音を聞いて、子音を書きなさい。(20点)　　[　/20]

① ＿ à　　② ＿ ū　　③ ＿ á　　④ ＿ òu
⑤ ＿ uì　　⑥ ＿ óng　　⑦ ＿ uāng　　⑧ ＿ uǒ
⑨ ＿ iào　　⑩ ＿ á　　⑪ ＿ uān　　⑫ ＿ è
⑬ ＿ éng　　⑭ ＿ ùn　　⑮ ＿ ōng　　⑯ ＿ ǐ
⑰ ＿ īng　　⑱ ＿ iú　　⑲ ＿ ué　　⑳ ＿ ū

🎧34 (二) 発音を聞いて、母音と声調符号を書きなさい。(20点)　　[　/20]

① t＿＿　　② f＿＿　　③ n＿＿　　④ ch＿＿
⑤ j＿＿　　⑥ m＿＿　　⑦ c＿＿　　⑧ z＿＿
⑨ p＿＿　　⑩ s＿＿　　⑪ sh＿＿　　⑫ l＿＿
⑬ x＿＿　　⑭ q＿＿　　⑮ zh＿＿　　⑯ t＿＿
⑰ n＿＿　　⑱ r＿＿　　⑲ g＿＿　　⑳ h＿＿

🎧35 (三) 発音されたものに○をつけなさい。(20点)　　[　/20]

① qì　　cì　　sì　　　② cóng　　kóng　　lóng
③ zhī　　jī　　zī　　　④ xiǎo　　jiǎo　　shǎo
⑤ shì　　sì　　zì　　　⑥ fú　　hú　　gú
⑦ kǒu　　zǒu　　zhǒu　⑧ xiǎng　　qiǎng　　jiǎng
⑨ rè　　lè　　cè　　　⑩ táng　　cháng　　cáng

🎧36 (四) 発音された方に○をつけなさい。(20点)　　[　/20]

① yíbiàn - yípiàn　　　　② yìzhì - yízhí
③ jīnyín - jīngyíng　　　④ chénsī - chéngshì
⑤ cūxì - chūxí　　　　　⑥ wǎnshang - wǎngshang
⑦ zhēnhǎo - zhènghǎo　⑧ rènshi - rénshì
⑨ róngyì - róngyù　　　⑩ shūjí - shūjú
⑪ dānxīn - dāngxīn　　 ⑫ zhēn de - zhèng de
⑬ guóqí - guójí　　　　⑭ gèrén - kèrén
⑮ dùzi - tùzi　　　　　⑯ cǐshí - sǐshí
⑰ guāfēng - guāfēn　　 ⑱ xiánmiàn - quánmiàn
⑲ zànshí - zhànshí　　 ⑳ chūbù - cūbù

🔊37 （五）発音された正しいピンイン表記に○をつけなさい。（10点） [　/10]

① 幼年　　　A　iōunián　　B　yòunán　　C　yòunián
② 晚安　　　A　wǎn'ān　　B　uǎn'ān　　C　wǎnān
③ 银河　　　A　yiénhé　　B　yínhé　　　C　yínghé
④ 文章　　　A　wénzhān　 B　uénzhāng　C　wénzhāng
⑤ 女儿　　　A　nǔ'ér　　 B　nǚ'ér　　　C　nǚér
⑥ 左右　　　A　zuǒyòu　　B　zuǒiòu　　C　zǒuyòu
⑦ 运动　　　A　yuèndòng　B　yòngdòng　C　yùndòng
⑧ 学习　　　A　xüéxí　　 B　xuéxí　　　C　xuéjí
⑨ 英雄　　　A　yiēnxióng B　yīnyióng　C　yīngxióng
⑩ 温度　　　A　wōndù　　 B　wēngdù　　C　wēndù

（六）正しいピンイン表記に直しなさい。（10点） [　/10]

① nién（　　　）　② xüé（　　　）　③ iè（　　　）

④ uěi（　　　）　⑤ suèi（　　　）　⑥ duēn（　　　）

⑦ īng（　　　）　⑧ yǔ（　　　）　⑨ lióu（　　　）

⑩ xüǎn（　　　）

➡ "儿化"のもつ意味

① 「小さな、愛しい、親しみのある」意味を添える。
　　小孩儿　　xiǎoháir　　坊や、お嬢ちゃん
　　花儿　　　huār　　　　お花
　　猫儿　　　māor　　　　子猫
② 名詞に品詞転換する。
　　盖儿　　　gàir　　　　蓋　　蓋（ふたをする）
　　画儿　　　huàr　　　　絵　　画（絵を描く）
　　托儿　　　tuōr　　　　さくら　托（引きたてる）

中●国●語●音●節●表

	韻母 声母	1（介音なし）																
		a	o	e	-i	er	ai	ei	ao	ou	an	en	ang	eng	ong	i	ia	ie	iao
ア	b	ba	bo				bai	bei	bao		ban	ben	bang	beng		bi		bie	biao
イ	p	pa	po				pai	pei	pao	pou	pan	pen	pang	peng		pi		pie	piao
ウ	m	ma	mo	me			mai	mei	mao	mou	man	men	mang	meng		mi		mie	miao
エ	f	fa	fo					fei		fou	fan	fen	fang	feng					
オ	d	da		de			dai	dei	dao	dou	dan	den	dang	deng	dong	di	dia	die	diao
カ	t	ta		te			tai	tei	tao	tou	tan		tang	teng	tong	ti		tie	tiao
キ	n	na		ne			nai	nei	nao	nou	nan	nen	nang	neng	nong	ni		nie	niao
ク	l	la	lo	le			lai	lei	lao	lou	lan		lang	leng	long	li	lia	lie	liao
ケ	g	ga		ge			gai	gei	gao	gou	gan	gen	gang	geng	gong				
コ	k	ka		ke			kai	kei	kao	kou	kan	ken	kang	keng	kong				
サ	h	ha		he			hai	hei	hao	hou	han	hen	hang	heng	hong				
シ	j															ji	jia	jie	jiao
ス	q															qi	qia	qie	qiao
セ	x															xi	xia	xie	xiao
ソ	zh	zha		zhe	zhi		zhai	zhei	zhao	zhou	zhan	zhen	zhang	zheng	zhong				
タ	ch	cha		che	chi		chai		chao	chou	chan	chen	chang	cheng	chong				
チ	sh	sha		she	shi		shai	shei	shao	shou	shan	shen	shang	sheng					
ツ	r			re	ri				rao	rou	ran	ren	rang	reng	rong				
テ	z	za		ze	zi		zai	zei	zao	zou	zan	zen	zang	zeng	zong				
ト	c	ca		ce	ci		cai		cao	cou	can	cen	cang	ceng	cong				
ナ	s	sa		se	si		sai		sao	sou	san	sen	sang	seng	song				
ニ	ゼロ	a	o	e		er	ai	ei	ao	ou	an	en	ang			yi	ya	ye	yao

		介音 i)				3（介音 u）								4（介音 ü）				
an	in	iang	ing	iong	u	ua	uo	uai	uei -ui	uan	uen -un	uang	ueng	ü	üe	üan	ün	
ian	bin		bing		bu													ア
ian	pin		ping		pu													イ
ian	min		ming		mu													ウ
					fu													エ
ian			ding		du		duo		dui	duan	dun							オ
ian			ting		tu		tuo		tui	tuan	tun							カ
ian	nin	niang	ning		nu		nuo			nuan				nü	nüe			キ
ian	lin	liang	ling		lu		luo			luan	lun			lü	lüe			ク
					gu	gua	guo	guai	gui	guan	gun	guang						ケ
					ku	kua	kuo	kuai	kui	kuan	kun	kuang						コ
					hu	hua	huo	huai	hui	huan	hun	huang						サ
ian	jin	jiang	jing	jiong										ju	jue	juan	jun	シ
ian	qin	qiang	qing	qiong										qu	que	quan	qun	ス
ian	xin	xiang	xing	xiong										xu	xue	xuan	xun	セ
					zhu	zhua	zhuo	zhuai	zhui	zhuan	zhun	zhuang						ソ
					chu	chua	chuo	chuai	chui	chuan	chun	chuang						タ
					shu	shua	shuo	shuai	shui	shuan	shun	shuang						チ
					ru	rua	ruo		rui	ruan	run							ツ
					zu		zuo		zui	zuan	zun							テ
					cu		cuo		cui	cuan	cun							ト
					su		suo		sui	suan	sun							ナ
yan	yin	yang	ying	yong	wu	wa	wo	wai	wei	wan	wen	wang	weng	yu	yue	yuan	yun	ニ

ストーリー

　韓国人留学生の李さんと中国人留学生の王さんは日本に留学に来てもう2年になります。二人はそれぞれアルバイトをしながら、日本語学校に通い、念願の大学に合格しました。日本人の田中さんも大学一年生です。郊外にある女子大学のキャンパスで偶然知り合ったこの三人のドラマがこれから展開していきます。第二外国語に中国語を選択した田中さんと李さんは、王さんの協力を得て中国語を共通言語として、いろいろな場面で会話を展開していきます。

登場人物

李さん　　　田中さん　　　王さん

・・・それでは、いよいよ『**Campus 汉语**』のスタートです。

Wǒmen
Kāishǐ
xuéxí ba!

第 一 课　　自我　介绍
Dì　yī　kè　　Zìwǒ　jièshào

田中：你好，我是田中。
　　　Nǐ hǎo, wǒ shì Tiánzhōng.

　　　您贵姓？
　　　Nín guìxìng?

李　：我姓李。
　　　Wǒ xìng Lǐ.

王　：我姓王，叫王丽丽。
　　　Wǒ xìng Wáng, jiào Wáng Lìli.

田中： こんにちは、私は田中です。
　　　お名前は？
李　： 私は李です。
王　： 私は王、王麗麗といいます。

田中：你们是留学生吗？
　　　Nǐmen shì liúxuéshēng ma?

李　：我是韩国留学生。
　　　Wǒ shì Hánguó liúxuéshēng.

王　：我是中国留学生。
　　　Wǒ shì Zhōngguó liúxuéshēng.

田中： あなたたちは留学生ですか？
李　： 私は韓国人留学生です。
王　： 私は中国人留学生です。

Lesson 1

田中：我 一 年级
　　　Wǒ　yī　niánjí

　　　你们 几 年级？
　　　nǐmen　jǐ　niánjí?

李　：我 也 一 年级。
　　　Wǒ　yě　yī　niánjí.

王　：我们 都 一 年级。
　　　Wǒmen　dōu　yī　niánjí.

田中： 私は1年生です。あなたたちは何年生ですか？
李　： 私も1年生です。
王　： 私たちはみな1年生ですね。

39

新出単語

自我	zìwǒ	介绍	jièshào	你	nǐ	好	hǎo	是	shì
田中	Tiánzhōng	您	nín	贵姓	guìxìng	姓	xìng	我	wǒ
李	Lǐ	叫	jiào	王	Wáng	丽丽	Lìli	你们	nǐmen
留学生	liúxuéshēng			吗	ma	韩国	Hánguó	中国	Zhōngguó
一	yī	年级	niánjí	几	jǐ	也	yě	都	dōu

単語ノート

人 rén　　　学生 xuésheng　　　小学生 xiǎoxuéshēng
中学生 zhōngxuéshēng　　　　　老师 lǎoshī
什么 shénme　　叫 jiào　　　　不 bù

■人称代名詞

	第1人称	第2人称	第3人称
単　数	我 wǒ	你 nǐ　您 nín	他　她　它 tā
複　数	我们 wǒmen	你们 nǐmen	他们　她们　它们 tāmen

■人名

张 Zhāng　　刘 Liú　　吴 Wú　　丽丽 Lìli

■国名

日本 Rìběn　　美国 Měiguó　　法国 Fǎguó

■数詞

一 yī　　二 èr（两 liǎng）　　三 sān　　四 sì　　五 wǔ
六 liù　　七 qī　　　　　　八 bā　　九 jiǔ　　十 shí

キー・ワード

■ "吗"

① 你们　是　留学生　吗?
　 Nǐmen shì liúxuéshēng ma?

② 她　　是　中国人　吗?
　 Tā　 shì Zhōngguó rén ma?

③ 她们　是　学生　吗?
　 Tāmen shì xuésheng ma?

　"吗"は文末に置かれ、Yes / No の答えを聞きたいときの疑問文を作ります。"吗"のような言葉は、「語気詞」とか「句末助詞」などと呼ばれます。"吗"の他には、陳述・命令・推測・感嘆などといった、話者の感情の色合いを伝える表現法もあります。

■ "是"

① 我　是　田中。
　 Wǒ shì Tiánzhōng.

28

②我 是 学生。
　　Wǒ shì xuésheng.

"是"は英語のbe動詞に相当し、主語と名詞述語をつなぐ働きをします。「（主語）は…である」という判断を表わす動詞です。この"是"をもつ文の否定形は副詞"不"を"是"のまえに置いて作ります。

她 <u>不</u> 是 学生。
Tā <u>bù</u> shì xuésheng.

■ "姓"と"叫"

① 她 姓 吴。
　　Tā xìng Wú.

② 我 叫 王 丽丽
　　Wǒ jiào Wáng Lìli.

③ 你 姓 什么?
　　Nǐ xìng shénme?

これらの"叫"、"姓"は自動詞です。こうした中国語に特有の動詞の使い方に早く慣れましょう。

■ "也"と"都"

いずれも副詞で本文では述語動詞のまえに置かれ、それぞれ「〜もまた（同様に）」、「すべて、いずれも」の意味を表わします。

〈他们也都是留学生。〉

"也"と"都"が並用された場合は上の語順をとります。

➡ 造字法、覚えれば読める中国語！

● 簡体字 ●

　本文などには、見慣れない漢字がいくつか出てきますが、これらの「漢字」は現在中国で使用されている正字で、「簡体字」と呼ばれています。現在日本で使用される常用漢字などとも字形が異なるものがみられます。

● 簡体字の造字法 ●

　簡体字の造字の仕方には、次の6つの規則があります。これらの規則を覚えて、中国語文の視覚からの理解をスピードアップしましょう。

i　形声字の利用
ii　画数の少ない同音字に替える
iii　草書体から作る
iv　画数の多い部分を符号化する
v　本来の正字（繁体字）の一部分だけを残す
vi　画数の少ない古字や部首に変える

ステップ1　STEP1

① ピンインを漢字に直しなさい。

1) wǒ　　　　2) nǐ　　　　3) shì

＿＿＿＿　　＿＿＿＿　　＿＿＿＿

4) xìng　　　5) Zhōngguó　6) wǒmen

＿＿＿＿　　＿＿＿＿　　＿＿＿＿

② ピンインを［漢字］に直し、（和訳）しなさい。

1) xìng Lǐ　　　［　　　］（　　　　）
2) shì xuésheng　［　　　］（　　　　）
3) guì xìng　　　［　　　］（　　　　）
4) jǐ niánjí　　　［　　　］（　　　　）
5) Nǐ hǎo　　　　［　　　］（　　　　）
6) Wǒ yě yī niánjí［　　　］（　　　　）

③ 正しいピンイン表記に直しなさい。

1) uǒ（我）⇒　　2) gueì（贵）⇒　　3) xüé（学）⇒
4) ī（一）⇒　　　5) iě（也）⇒　　　6) nién（年）⇒

聴き取り

質問を書き取り、答えなさい（簡体字で）。40

　　　　　　質問　　　　　　　　　　答え
1) ＿＿＿＿＿＿＿＿＿＿　　＿＿＿＿＿＿＿＿＿＿
2) ＿＿＿＿＿＿＿＿＿＿　　＿＿＿＿＿＿＿＿＿＿
3) ＿＿＿＿＿＿＿＿＿＿　　＿＿＿＿＿＿＿＿＿＿

ステップ2

① 下線部を置き換えなさい。

    1) 我是<u>日本人</u>。

       Měiguó rén 美国人　　Fǎguó rén 法国人　　Zhōngguó rén 中国人

    2) 她不是<u>学生</u>，是<u>老师</u>。
       xiǎoxuéshēng 小学生　　　zhōngxuéshēng 中学生
       Rìběn rén 日本人　　　　Zhōngguó rén 中国人

② （　）の中に単語を入れて文を完成しなさい。

    1) 您贵姓？
       我（　　　　）李。
    2) 你是日本人吗？
       不，（　　　　）。
    3) 你是学生吗？
       是，（　　　　）。

【叫　中国　我　我　是　是　人　学生　姓】

③ 並べ替えて、作文しなさい。

    1) 彼女は留学生ではありません。
       （是　留学生　不　她）

    2) 私は張麗麗と申します。
       （我　张丽丽　叫）

    3) あなたは李先生ですか。
       （您　吗　李　老师　是）

第二课　　生日
Dì　èr　kè　　Shēngrì

41

王：今天　是　田中　的　生日。
　　Jīntiān　shì　Tiánzhōng　de　shēngrì.

李：田中　今年　多大？
　　Tiánzhōng　jīnnián　duō dà?

王： 今日は田中さんの誕生日です。
李： 田中さんは今年何才ですか？

田中：我　今年　十九　岁。
　　　Wǒ　jīnnián　shíjiǔ　suì.

李：小　王　的　生日　是
　　Xiǎo Wáng　de　shēngrì　shì

　　几　月　几　号？
　　jǐ　yuè　jǐ　hào?

田中： 私は今年19才です。
李： 王さんの誕生日は何月何日ですか？

Lesson 2

王 ： 五　月　二十　号。
　　　Wǔ　yuè　èrshí　hào.

李 ： 和　我　妈妈　（的　生日）　一样。
　　　Hé　wǒ　māma　de　shēngrì　yīyàng.

王 ： 5月20日です。
李 ： 私の母と一緒だわ。

新出単語

今天	jīntiān	的	de	生日	shēngrì	今年	jīnnián
多大	duō dà	岁	suì	月	yuè	号	hào
和	hé	妈妈	māma	一样	yīyàng	小王	Xiǎo Wáng

単語ノート

朋友 péngyou　　同学 tóngxué　　书包 shūbāo
笔 bǐ　　杂志 zázhì　　茶 chá
咖啡 kāfēi　　哪一天 nǎ yī tiān　　谁 shéi
什么时候 shénme shíhou　　书 shū　　三个 sān ge
多大岁数 duō dà suìshu　　几岁 jǐ suì

■ 親族呼称

爸爸 bàba　妈妈 māma　哥哥 gēge　弟弟 dìdi　姐姐 jiějie　妹妹 mèimei

■ 時間名詞

昨天 zuótiān　　今天 jīntiān　　明天 míngtiān
去年 qùnián　　今年 jīnnián　　明年 míngnián

■ 量詞

个 ge　　杯 bēi　　本 běn

キー・ワード

■ "的"（〜の…）

① 田中　的　生日
　Tiánzhōng　de　shēngrì

② 韩国　学生　（所属）
　Hánguó　xuésheng

③ 我　妈妈　（血縁・親族）
　wǒ　māma

■ 月日・年齢の言い方

① 几　月　几　号?
　Jǐ　yuè　jǐ　hào?
　——五　月　五　号。
　　　Wǔ　yuè　wǔ　hào.

② 你　今年　多大?
　Nǐ　jīnnián　duō dà?
　您　多大　岁数?
　Nín　duō dà　suìshu?

你　几　岁?
Nǐ　jǐ　suì?

　　述語が名詞であっても、時間・天気・年齢・出身・数量を言うときは判断を表わす動詞 "是" を用いなくてもいいです。

■ "和～一样"（～と同じだ）

① 和　你　一样
   hé　nǐ　yīyàng

② 和　中国　一样
   hé　Zhōngguó　yīyàng

"和" は介詞（前置詞）と呼ばれ、主語と述語の間に置かれます。
英語では、

　The umbrella is the same as yours.

のように、介詞を伴なう構造は述語動詞や形容詞のうしろに置かれるため、"和" の置く位置をよく間違えます。注意が必要です。

■ 量詞 "岁"

　　日本語の "助数詞" 「一人のお客、三頭の牛」のように、事物の数を数えるときにそえる言葉で、"量詞" と呼びます。
　　この課に出る "岁" は特殊な量詞で、本来うしろにくる事物の意味も内包した語です。こうした量詞は、他に "天"、"年" などがあります。"五天"（5日間）"三年"（3年間）。
　　また、量詞には、話の場で「数える事物が自明な」場合は、うしろの事物を省略する文法機能があります。
　　"三个（学生）" sān ge xuésheng（学生3人）、"两杯（茶）" liǎng bēi chá（お茶2杯）

■ 接頭辞 "小"

　　姓名や排行（兄弟の長幼の順序）などに付けて、「親しみ」を表わします。
　　小王　　Xiǎo Wáng
　　小李　　Xiǎo Lǐ
　　小女儿　Xiǎo nǚ'ér
　　小儿子　Xiǎo érzi

ステップ 1 STEP 1

① ピンインを漢字に直しなさい。

1) shēngrì ［　　　］　2) jǐ ［　　　］　3) yuè ［　　　］
4) jīnnián ［　　　］　5) èrshí ［　　　］　6) māma ［　　　］

②ピンインを［漢字］に直し、（和訳）しなさい。

1) duō dà　　　　　　［　　　　］（　　　　　）
2) gēge de shēngrì　　［　　　　］（　　　　　）
3) shíjiǔ suì　　　　　［　　　　］（　　　　　）
4) jǐ hào　　　　　　　［　　　　］（　　　　　）
5) yīyàng　　　　　　　［　　　　］（　　　　　）
6) hé ～ yīyàng　　　　［　　　　］（　　　　　）

③ 正しいピンイン表記に直しなさい。

1) jīng （今）⇒　　　2) nién （年）⇒　　　3) sueì （岁）⇒
4) uáng （王）⇒　　　5) ǔ （五）⇒　　　　6) iàng （样）⇒

聴き取り

質問を書き取り、答えなさい（簡体字で）。 ◎43

　　　　質問　　　　　　　　　　答え
1) _____　　_____
2) _____　　_____
3) _____　　_____

ステップ 2

① 下線部を置き換えなさい。

1) 今天是<u>我</u>的生日。
   péngyou 朋友　　māma 妈妈　　jiějie 姐姐　　lǎoshī 老师

2) <u>田中</u>今年多大？
   nǐ mèimei　你妹妹　　　　tā gēge 他哥哥
   nǐ tóngxué 你同学　　　　tā　　她

3) 我今年<u>十九</u>岁。
   èrshí 二十　　èrshi'èr 二十二　　shíbā 十八　　èrshiyī 二十一

4) 小王的生日是<u>几月几号</u>？
   nǎ yì tiān 哪一天　　　　shénme shíhou 什么时候

5) 她的<u>生日</u>和我一样。
   nǐ de shūbāo　你的书包　　tā de bǐ　她的笔
   nǐ de xìng　　你的姓　　　tā de míngzi 他的名字

② （　）の中に単語を入れて文を完成しなさい。

1) 今天是谁的生日？
   今天是（　　　　）的生日。

2) 他今年（　　　　）？
   他今年二十岁。

3) 你妈妈的生日是几月几号？
   （　　　　）月（　　　　）号。

4) 你多大？
   和你一样，（　　　　）是二十岁。

5) 他们三个一样？
   他们三个一样，（　　　　）是二十岁。

【 多大　十三　也　九　她　都 】

第 三 课　　打　电话
Dì　sān　kè　　Dǎ　　diànhuà

44

田中：你 的 手机 号码 是 多少?
　　　Nǐ de shǒujī hàomǎ shì duōshao?

王　：0 9 0 - 3 0 0 4 -
　　　Líng jiǔ líng sān líng líng sì
　　　1 2 3 1。
　　　yāo èr sān yāo.

田中：あなたの携帯電話番号は？
王　：090 − 3004 − 1231 です。

田中：小李 也 有 微博 吗?
　　　Xiǎo Lǐ yě yǒu wēibó ma?

王　：有, 她 每天 都 刷 微博。
　　　Yǒu, tā měitiān dōu shuā wēibó.

田中：李さんはブログがありますか？
王　：あります、彼女は毎日ブログを更新しています。

Lesson 3

田中：喂，小李 吗？ 明天 你 有
　　　Wèi, Xiǎo Lǐ ma? Míngtiān nǐ yǒu

　　　没有 时间（空儿）？
　　　méiyǒu shíjiān (kòngr)?

李　：田中 吗？「……」对不起，
　　　Tiánzhōng ma?　　　　Duìbuqǐ,

　　　明天 我 没有 时间。
　　　míngtiān wǒ méiyǒu shíjiān.

田中：もしもし、李さんですか？
　　　明日、時間ありますか？
李　：ああ、田中さん？「……」
　　　ごめんなさい、明日は時間があ
　　　りません。

🔊 45
新出単語

打	dǎ	电话	diànhuà	手机	shǒujī	号码	hàomǎ
多少	duōshao	零	(0) líng	一	yāo	有	yǒu
微博	wēibó	每天	měitiān	刷	shuā	喂	wèi
时间	shíjiān	空儿	kòngr	对不起	duìbuqǐ	没有	méiyǒu

単語ノート

房间 fángjiān	宿舍 sùshè	传真 chuánzhēn	车 chē	字典 zìdiǎn
课 kè	事儿 shìr	考试 kǎoshì	钱 qián	本子 běnzi
车票 chēpiào	孩子 háizi	男朋友 nán péngyou		
哪儿 nǎr	怎么 zěnme	颜色 yánsè		

■ 指示代名詞

  这 zhè   那 nà   哪 nǎ

 キー・ワード

■ "有" と "没有"

 ① 我　有　手机。　　　　② 没有　空儿。
  Wǒ　yǒu　shǒujī.　　　　　Méiyǒu　kòngr.

動詞述語文は、他動詞の場合、S + V + O の語順になります。

■ 反復疑問文

 ① 你　有　时间　吗？　　② 你　有　没有　时间？
  Nǐ　yǒu　shíjiān　ma?　　　Nǐ　yǒu　méiyǒu　shíjiān?

 ③ 她　是　不　是　留学生？
  Tā　shì　bu　shì　liúxuéshēng?

疑問文には、述語部分の肯定形と否定形を並べて作るものがあります。先に習った "**吗**" の疑問文に相当し、Yes / No の答えを求めるものです。

➡ "一" をなぜ /yāo/ と読むか？

数詞の "一 yī" と "七 qī" は音声が似ているので、聞き違えを避けるために、部屋番号や電話番号の "1" は /yāo/ と読みます。次の番号を読みなさい。
119　114　120　010-5714-3117

■ "多少"

① 你 的 手机 号码 是 多少?　　② 你 今年 多大?
　Nǐ　de　shǒujī　hàomǎ　shì　duōshao?　　　Nǐ　jīnnián　duō dà?

③ 有 多少（个）人?　　　有 几 个 人?
　Yǒu duōshao（ge）rén?　　Yǒu　jǐ　ge　rén?

　　数量を尋ねる言葉で、答えが10以下の数になると考えられるときに"几"が用いられるのに対し、"多少"はその制限がありません。また、修飾語になるとき、"几"とは異なり、量詞は付けても付けなくてもかまいません。

■ 指示代名詞 "这 那 哪"

　　指示代名詞が名詞の修飾語になるときは、被修飾語である名詞との間に「量詞」を置きます。

这 zhè　　这个人 zhège rén（この [ひとりの] 人）这本书 zhè běn shū（この [一冊の] 本）
那 nà　　　那本书 nà běn shū（あの [一冊の] 本）　那杯茶 nà bēi chá（あの [一杯の] お茶）
哪 nǎ　　　哪个人 nǎ ge rén（どの [ひとりの] 人）哪本书 nǎ běn shū（どの [一冊の] 本）

その他の疑問代名詞など

谁 shéi　　什么 shénme　　什么时候 shénme shíhou　　哪儿 nǎr　　为什么 wèi shénme　　怎么 zěnme

"什么"は次のように用います。

① 这是什么?　　　Zhè shì shénme?
② 什么颜色?　　　Shénme yánsè?
*③ 这是谁的书?　　Zhè shì shéi de shū?

➡ 造字法、覚えれば読める中国語！

● 造字法 その1 ●

"形声字"の造字法を利用して、一部分を画数の少ない同音字・近似音字に替えて作る。

例：蘋　　　艹（意符）＋　頻 pín（音符）　⇒　苹
　　膚　　　胃（意符）＋　卢 hu（音符）　⇒　肤
　　燈　　　火（意符）＋　登 dēng（音符）　⇒　灯

簡体字を選びなさい。

價（　）　選（　）　樣（　）　機（　）　療（　）

［机　样　疗　选　价］

ステップ 1　STEP1

① ピンインを漢字に直しなさい。

1) yǒu　　　2) de　　　3) dǎ
(　　　)　(　　　)　(　　　)

4) duōshao　5) diànhuà　6) méiyǒu
(　　　)　(　　　)　(　　　)

② ピンインを［漢字］に直し、（和訳）しなさい。

1) wēibó　　　　　　[　　　]（　　　）
2) yǒu shǒujī　　　　[　　　]（　　　）
3) míngtiān　　　　　[　　　]（　　　）
4) méiyǒu shíjiān　　[　　　]（　　　）
5) duìbuqǐ　　　　　[　　　]（　　　）
6) hàomǎ　　　　　　[　　　]（　　　）

③ 正しいピンイン表記に直しなさい。

1) jiǒu（九）⇒　　2) iāo（一）⇒　　3) duèi（対）⇒
4) tiēn（天）⇒　　5) iǒu（有）⇒　　6) uèi（喂）⇒

聴き取り

質問を書き取り、答えなさい（簡体字で）。 46

　　　　　質問　　　　　　　　　　答え
1) _____　　_____
2) _____　　_____
3) _____　　_____

ステップ 2

① 下線部を置き換えなさい。

    1) 你的<u>手机</u>号码是多少？
        diànhuà 电话　　fángjiān 房间　　sùshè 宿舍　　chuánzhēn 传真

    2) 小李也有<u>手机</u>吗？
        chē 车　　　　zìdiǎn 字典　　nán péngyou 男朋友　　jiějie 姐姐

    3) 明天你有<u>空儿</u>吗？
        shíjiān 时间　　kè 课　　　　shìr 事儿　　kǎoshì 考试

    4) 我没有<u>时间</u>。
        qián 钱　　　　běnzi 本子　　shū 书　　　chēpiào 车票

    5) 我的手机号码是 <u>090-3846-4815</u>。
       090-3769-2271　　090-0042-5573

② （　）の中に単語を入れて文を完成しなさい。

    1) 你的手机号码是（　　　　）？
       我（　　　　）手机。

    2) 小王没有车吗？
       小王（　　　　）车。

    3) 老师（　　　　）孩子吗？
       老师有一个孩子。

    4) 你明天（　　　　）（　　　　）时间？
       我有时间，你有什么（　　　　）？

    5) 你（　　　　）考试？
       我明天考试。

【　有　　有　　有　　没有　　没有　　哪一天　　多少　　事儿　】

第四课　你住哪儿?
Dì sì kè　Nǐ zhù nǎr?

47

田中：小李，你住在哪儿?
　　　Xiǎo Lǐ, nǐ zhùzài nǎr?

李　：我住东京，和我姐姐
　　　Wǒ zhù Dōngjīng, hé wǒ jiějie
　　　一起住。
　　　yīqǐ zhù.

田中：　李さんはどこに住んでいますか？
李　：　私は東京に住んでいます。姉と一
　　　　緒に住んでいます。

田中：我的家在埼玉，
　　　Wǒ de jiā zài Qíyù,
　　　小王，你住哪儿?
　　　Xiǎo Wáng, nǐ zhù nǎr?

王　：我现在住横滨，但是
　　　Wǒ xiànzài zhù Héngbīn, dànshì
　　　下个月要搬家。
　　　xià ge yuè yào bānjiā.

田中：　私の家は埼玉にあります。
　　　　王さんはどちらですか？
王　：　私は今横浜に住んでいます
　　　　が、来月引越しをするつもり
　　　　です。

Lesson 4

田中： 为 什么?
　　　Wèi shénme?

王 ： 离 大学 太 远。
　　　Lí dàxué tài yuǎn.

田中：どうして？
王 ：大学からあまりにも遠いからです。

新出単語

住	zhù	-在;在	zài	哪儿	nǎr	东京	Dōngjīng
一起	yīqǐ	家	jiā	埼玉	Qíyù	横滨	Héngbīn
现在	xiànzài	但是	dànshì	下个月	xià ge yuè	要	yào
搬家	bān/jiā	为什么	wèi shénme	离	lí	大学	dàxué
太	tài	远	yuǎn				

単語ノート

坐车 zuò chē　　父母 fùmǔ　　去 qù　　工作 gōngzuò

■時間名詞

以前 yǐqián　　过去 guòqù　　小时候 xiǎo shíhou　　以后 yǐhòu
将来 jiānglái　　上大学后 shàng dàxué hòu

■建物

邮局 yóujú　　银行 yínháng　　医院 yīyuàn　　厕所 cèsuǒ　　教室 jiàoshì
车站 chēzhàn　　图书馆 túshūguǎn　　食堂 shítáng　　学校 xuéxiào
商店 shāngdiàn

■場所名詞

这儿 zhèr　　那儿 nàr　　哪儿 nǎr

■形容詞

近 jìn　　大 dà　　方便 fāngbiàn

■副詞

很 hěn

 キー・ワード

■形容詞述語文

① 东京　很　大。　　　　　② 我　家　很　远。
　Dōngjīng　hěn　dà.　　　　　Wǒ　jiā　hěn　yuǎn.

③ 我　家　离　大学　太　远。
　Wǒ　jiā　lí　dàxué　tài　yuǎn.

■ "离～（远）"

① 离　东京　很　远。
　Lí　Dōngjīng　hěn　yuǎn.

② 离　家　很　近。
　Lí　jiā　hěn　jìn.

■ "在"

① 我　家　在　埼玉。
　Wǒ　jiā　zài　Qíyù.

② 我　住在　埼玉。
　Wǒ　zhùzài　Qíyù.

"在"は文中の置かれる位置により、品詞が異なります。①の"在"は動詞です。②の"在"は介詞（前置詞）ですが、本動詞のうしろに置かれた例です。意味を取る際には文中のどこに置かれるかに注意することが必要です。

■ 疑問文

(1) "吗"疑問文

你们　是　留学生　吗？　　　　—— 是，我　是　留学生。
Nǐmen　shì　liúxuéshēng　ma?　　　 Shì, wǒ　shì　liúxuéshēng.

　　　　　　　　　　　　　　　 —— 不是，我　不是　留学生。
　　　　　　　　　　　　　　　　　Bù shì, wǒ　bù shì　liúxuéshēng.

　　　　　　　　　　　　　　　 —— 不，我　是　老师。
　　　　　　　　　　　　　　　　　Bù, wǒ　shì　lǎoshī.

(2) 反復疑問文

你　有　没有　时间？　　　—— （我）有（时间）。
Nǐ　yǒu　méiyǒu　shíjiān?　　　（Wǒ）yǒu　shíjiān.

　　　　　　　　　　　　　 —— （我）没有（时间）。
　　　　　　　　　　　　　　　Wǒ　méiyǒu　shíjiān.

(3) 特指疑問文

几　月　几　号？　　　　　　　　—— 五　月　一　号。
Jǐ　yuè　jǐ　hào?　　　　　　　　　Wǔ　yuè　yī　hào.

你　的　手机　号码　是　多少？　—— 是　090　3224　4241。
Nǐ　de　shǒujī　hàomǎ　shì　duōshao?　shì líng jiǔ líng　sān èr èr sì　sì èr sì yāo.

你　住　哪儿？　　　　　　　　　—— 我　住　东京。
Nǐ　zhù　nǎr?　　　　　　　　　　　Wǒ　zhù　Dōngjīng.

为什么　你　不　去？　　　　　　—— 我　没有　时间。
Wèi shénme　nǐ　bù　qù?　　　　　　Wǒ méiyǒu　shíjiān.

ステップ 1 — STEP1

① ピンインを漢字に直しなさい。

1) nǎr　　　　2) ge　　　　3) wèi
（　　　）　（　　　）　（　　　）

4) shénme　　5) yīqǐ　　　6) jiějie
（　　　）　（　　　）　（　　　）

② ピンインを［漢字］に直し、（和訳）しなさい。

1) zhùzài nǎr？［　　　］（　　　）
2) jiā zài Qíyù　［　　　］（　　　）
3) yīqǐ zhù　　　［　　　］（　　　）
4) xià ge yuè　　［　　　］（　　　）
5) dànshì　　　　［　　　］（　　　）
6) bān jiā　　　 ［　　　］（　　　）

③ 正しいピンイン表記に直しなさい。

1) nǎer　（哪儿）⇒　　　　2) jiéjiě（姐姐）⇒
3) shénma（什么）⇒　　　　4) Qíyù（埼玉）⇒
5) Héngbīng（横浜）⇒　　　6) üǎn（远）⇒

　聴き取り

質問を書き取り、答えなさい（簡体字で）。 ●49

　　　　質問　　　　　　　　　答え
1) _____　_____
2) _____　_____
3) _____　_____

ステップ2

① 下線部を置き換えなさい。

1) 你<u>朋友</u>在哪儿？
   jiā 家　　　xuéxiào 学校　　　sùshè 宿舍　　　fùmǔ 父母

2) <u>商店</u>在哪儿？
   yóujú 邮局　　　yínháng 银行　　　yīyuàn 医院　　　cèsuǒ 厕所

3) 离<u>大学</u>太远。
   chēzhàn 车站　　　túshūguǎn 图书馆　　　shítáng 食堂　　　jiàoshì 教室

4) 我<u>现在</u>住横滨。
   yǐqián 以前　　　qùnián 去年　　　guòqù 过去　　　xiǎo shíhou 小时候

5) <u>下个月</u>要搬家。
   míngnián 明年　　　yǐhòu 以后　　　shàng dàxué hòu 上大学后
   jiānglái 将来

② （　　）の中に単語を入れて文を完成しなさい。

1) 你住（　　　　）？
   我（　　　　）东京。

2) （　　　　）谁一起住？
   和我父母（　　　　）住。

3) 大学远（　　　　）？
   不远，（　　　　）车站很近。

4) 你家（　　　　）（　　　　）？
   很（　　　　），（　　　　）坐车很方便。

5) 我（　　　　）搬家。
   （　　　　）？

【一起　为什么　住　和　要　远　远　哪儿　不远　但是　吗　离】

第 五 课　　想　买　什么?
Dì wǔ kè　　Xiǎng mǎi shénme?

50

李　：小王，你 买 什么?
　　　Xiǎo wáng, nǐ mǎi shénme?

王　：我 想 买 T恤衫。
　　　Wǒ xiǎng mǎi T xù shān.

李　：王さんは何を買いますか？
王　：Tシャツを買いたいです。

田中：想 买 什么 颜色 的?
　　　Xiǎng mǎi shénme yánsè de?

王　：白 颜色 的。
　　　Bái yánsè de.

田中：何色を買うの？
王　：白よ。

Lesson 5

李 ：多大号的?
　　Duō dà hào de?

王 ：中号, 这件合适。
　　Zhōnghào, zhè jiàn héshì.

李 ：サイズは何？
王 ：Ｍです。これがちょうどいいわ。

51
新出単語

商场	shāngchǎng	买	mǎi	想	xiǎng	什么	shénme
T恤衫	T xù shān	颜色	yánsè	-的	de	白	bái
中号	zhōnghào	件	jiàn	合适	héshì		

単語ノート

■動詞

看 kàn　　借 jiè　　喝 hē　　听 tīng　　要 yào
穿 chuān

■形容詞

贵 guì　　便宜 piányi

■色

红 hóng　　黑 hēi　　绿 lǜ　　粉 fěn　　蓝 lán

■量詞

双 shuāng　　套 tào　　对 duì　　条 tiáo　　种 zhǒng

■服装など

衣服 yīfu　　裤子 kùzi　　西装 xīzhuāng　　皮鞋 píxié
毛衣 máoyī　　大衣 dàyī　　牌子 páizi　　样子 yàngzi
大号 dàhào　　中号 zhōnghào　　小号 xiǎohào　　音乐 yīnyuè

 キー・ワード

■動詞述語文（他動詞）

① 他 听 音乐。
　 Tā tīng yīnyuè.

② 我 买 书。
　 Wǒ mǎi shū.

③ 他 不 喝 咖啡。
　 Tā bù hē kāfēi.

動詞述語文は、動詞が他動詞の場合、「S + V + O」の語順になります。

■"想"

① 你 想 去 吗？
　 Nǐ xiǎng qù ma?

② 我 不 想 看 书。
　 Wǒ bù xiǎng kàn shū.

③ 他 想 不 想 去？
　Tā xiǎng bu xiǎng qù?

"想"はもともと動詞ですが、例文のように助動詞としても用います。英語の wish, want などと似ていますが、英語では動詞に"to"不定詞を付けて名詞（目的格）であることが一目瞭然になるのとは違い、中国語では直接動詞をうしろに続けますから、慣れるまでわかりにくいかもしれません。次の2つの文を比較して和訳してみましょう。

　　我想看那本书。　／　我们很想你。
　　Wǒ xiǎng kàn nà běn shū.　Wǒmen hěn xiǎng nǐ.

■ "- 的" "的" の名詞化用法

① 什么 颜色 的 Ｔ恤衫
　shénme yánsè de T xù shān

② 白 颜色 的（Ｔ恤衫）
　bái yánsè de (T xù shān)

③ 多 大 号 的
　duō dà hào de

■ "这件"

「指示代名詞＋量詞＋名詞」（この・あの～）のように指示代名詞が修飾語になるとき、話の場で「修飾される名詞が何であるかが自明な」場合は、その名詞を省略する用法が量詞にはあります。

① 这件Ｔ恤衫 zhè jiàn T xù shān　　② 这件（Ｔ恤衫）zhè jiàn (T xù shān)
③ 这件 zhè jiàn

➡ 造字法、覚えれば読める中国語！

● 造字法 その2 ●

画数の少ない同音字に替えて作る。

例： 後 ⇒ 后
　　 鬥 ⇒ 斗
　　 豐 ⇒ 丰

簡体字を選びなさい。
　幹（　） 穀（　） 隻（　） 幾（　） 瞭（　）
　［了　干　谷　只　几］

ステップ1 STEP1

① ピンインを［漢字］に直し、（和訳）しなさい。

1) Txùshān ［　　　］（　　　）　2) héshì ［　　　］（　　　）
3) yánsè ［　　　］（　　　）　4) duō dà ［　　　］（　　　）
5) zhè jiàn ［　　　］（　　　）　6) shāngchǎng ［　　　］（　　　）

② 和訳しなさい。

1) 多大岁数　　　2) 多大号　　　3) 多少钱
（　　　）　　　（　　　）　　　（　　　）
4) 多少人　　　5) 什么颜色　　　6) 几月几号
（　　　）　　　（　　　）　　　（　　　）

③ 下の語群から適当な量詞・助詞を選び連語を作り、和訳しなさい。

1) 两（　）茶　　2) 一（　）学生　　3) 这（　）书
＿＿＿＿＿　　　＿＿＿＿＿　　　＿＿＿＿＿
4) 白（　）　　5) 那（　）皮鞋　　6) 这（　）毛衣
＿＿＿＿＿　　　＿＿＿＿＿　　　＿＿＿＿＿

［語群］　本　个　的　双　杯　件

 聴き取り

質問を書き取り、答えなさい（簡体字で）。 ●52

　　　質問　　　　　　　　　　答え
1) ＿＿＿＿＿＿＿＿＿＿　　＿＿＿＿＿＿＿＿＿＿
2) ＿＿＿＿＿＿＿＿＿＿　　＿＿＿＿＿＿＿＿＿＿
3) ＿＿＿＿＿＿＿＿＿＿　　＿＿＿＿＿＿＿＿＿＿

ステップ 2

① 下線部を置き換えなさい。

1) 你<u>买</u>什么？

    kàn 看   jiè 借   yào 要   hē 喝   tīng 听

2) 想买<u>什么颜色</u>的？

    nǎ ge páizi 哪个牌子   nǎ zhǒng yàngzi 哪种样子
    duō dà hào 多大号   duōshao qián 多少钱

3) <u>白</u>颜色的。

    hóng 红   hēi 黑   lán 蓝   lǜ 绿   fěn 粉

4) 这<u>件</u>合适。

    shuāng 双   tiáo 条   tào 套   duì 对   zhǒng 种

5) 我想买<u>T恤衫</u>。

    kùzi 裤子   xīzhuāng 西装   píxié 皮鞋
    máoyī 毛衣   dàyī 大衣

② （　）の中に単語を入れて文を完成しなさい。

1) 你买（　　　）？
    我买书。

2) 你（　　　）什么？
    我（　　　）（　　　）茶。

3) 你要什么（　　　）的？
    我要黑（　　　）。

4) 你穿（　　　）号的？
    我穿小号的。

5) 你买（　　　）件？
    我买两件。

【　想　几　颜色　的　多大　喝　什么　要　】

第 六 课　　吃　饭
Dì　liù　kè　　Chī　fàn

田中：你 想 吃 什么?
　　　Nǐ xiǎng chī shénme?

王　：我 想 吃 中国 菜。
　　　Wǒ xiǎng chī Zhōngguó cài.

　　　你 呢?
　　　Nǐ ne?

田中：我 什么 都 可以。
　　　Wǒ shénme dōu kěyǐ.

田中：　何を食べますか？
王　：　中華料理を食べたいです。あなたは？
田中：　なんでもいいわ。

李　：韩国 菜 怎么 样?
　　　Hánguó cài zěnmeyàng?

田中：韩国 菜 也 可以。
　　　Hánguó cài yě kěyǐ.

李　：　韓国料理はどうですか？
田中：　韓国料理もいいですね。

Lesson 6

王　：你 会 做 菜 吗?
　　　Nǐ　huì　zuò　cài　ma?

田中：我 不 会。 小李 呢?
　　　Wǒ　bù　huì.　Xiǎo Lǐ　ne?

李　：我 当然 会。
　　　Wǒ　dāngrán　huì.

王　：あなたは料理ができるの？
田中：できないのよ、李さんは？
李　：もちろん、私は作れます。

54

新出単語

| 吃 chī | 饭 fàn | 菜 cài | 怎么样 zěnmeyàng | 可以 kěyǐ |
| 会 huì | 做菜 zuò cài | 呢 ne | 当然 dāngrán | |

単語ノート

■形容詞

行 xíng　　　不错 búcuò　　　好 hǎo　　　好吃 hǎo chī

■動詞と目的語

喜欢什么 xǐhuan shénme　　游泳 yóu / yǒng　　开车 kāi chē
骑车 qí chē　　　　干什么 gàn shénme　　谢谢你 xièxie nǐ

■国名

英国 Yīngguó　　　法国 Fǎguó　　　泰国 Tàiguó

■言語

英语 Yīngyǔ　　汉语 Hànyǔ　　日语 Rìyǔ　　意大利语 Yìdàlìyǔ
法语 Fǎyǔ　　　德语 Déyǔ　　韩国语 Hánguóyǔ

■食べものなど

面包 miànbāo　　　点心 diǎnxin　　炒饭 chǎofàn
麻婆豆腐 mápódòufu　饺子 jiǎozi　面条 miàntiáo　荞麦面 qiáomàimiàn
意大利面 Yìdàlì miàn　筷子 kuàizi　菜单 càidān　杯子 bēizi

 キー・ワード

■ "呢"

① 我　今年　十九　岁，你　呢？
　 Wǒ　jīnnián　shíjiǔ　suì, nǐ　ne?

② 我　喝　茶，你　呢？
　 Wǒ　hē　chá, nǐ　ne?

■ "怎么样"

① 你　妈妈　怎么样？
　 Nǐ　māma　zěnmeyàng?

　　── 她　很　好，谢谢。
　　　　 Tā　hěn　hǎo, xièxie.

"怎么样"は、どのような状態であるのかを尋ねる疑問代名詞ですから、答えは形容詞で答える形容詞述語文になります。

■ "不"

① 她　不　是　老师。
　　Tā　bù　shì　lǎoshī.

② 我　家　离　学校　不　远。
　　Wǒ　jiā　lí　xuéxiào　bù　yuǎn.

③ 我　不　喝　咖啡。
　　Wǒ　bù　hē　kāfēi.

■ "会"

① 她　不　会　游泳。
　　Tā　bù　huì　yóuyǒng.

② 你　会　不　会　开　车？
　　Nǐ　huì　bu　huì　kāi　chē?

③ 他　会　法语。
　　Tā　huì　Fǎyǔ.

"会"は"想"と同じく、動詞にも助動詞にも用いられます。意味は「～することができる」ですが、車の運転ができる、外国語が話せる、泳ぎができるといった、練習や訓練を通じて得た後天的な能力があることを言います。

■ "什么都"

疑問代名詞の"什么"は「なに？」の意味ですが、文中の語順と呼応する言葉によって、意味が変化します。本文の場合は、汎称で「すべて」の意味になり、"都"や"也"によって強調され、述語である"可以"のまえに置かれます。

⮕ 造字法、覚えれば読める中国語！

● 造字法 その3 ●

一筆書きである草書体を利用して、簡略化した楷書体に替える。

例：　買 ⇒ 买
　　　龍 ⇒ 龙
　　　興 ⇒ 兴

簡体字を選びなさい。

為（　）　車（　）　東（　）　農（　）　楽（　）

［车　乐　为　农　东］

ステップ 1　STEP 1

① ピンインを漢字に直しなさい。

1) chīfàn　　2) xiǎng chī　　3) zěnmeyàng
　（　　　）　（　　　　）　（　　　　）

4) zuò cài　　5) kěyǐ　　6) dāngrán
　（　　　）　（　　　）　（　　　）

② ピンインを漢字に直し、和訳しなさい。

1) Zhōngguó cài（　　　）（　　）　2) chī（　　　）（　　）
3) dāngrán（　　　）（　　）　　　4) bù huì（　　　）（　　）
5) zuò cài（　　　）（　　）
6) shénme（　　　）（　　）

③ 簡体字に直しなさい。

1) 飯（　　　）　2) 喫（　　　）
3) 漢（　　　）　4) 開（　　　）
5) 様（　　　）　6) 単（　　　）

　聴き取り

質問を書き取り、答えなさい（簡体字で）。　◎55

　　　　　質問　　　　　　　　　答え
1) _____　_____
2) _____　_____
3) _____　_____

ステップ 2

① 下線部を置き換えなさい。

1) 你想吃什么？
   yào 要　　hē 喝　　mǎi 买　　kàn 看　　gàn 干

2) 我想吃日本菜。
   Hánguó 韩国　　Zhōngguó 中国　　Tàiguó 泰国　　Yìdàlì 意大利
   Fǎguó 法国

3) 什么都可以。
   xíng 行　　búcuò 不错　　xǐhuan 喜欢　　xiǎng chī 想吃

4) 日本菜怎么样？
   xíng ma 行吗　　kěyǐ ma 可以吗　　hǎo ma 好吗　　ne 呢

5) 你会做菜吗？
   kāi chē 开车　　qí chē 骑车　　Yīngyǔ 英语　　yóuyǒng 游泳

② （　）の中に単語を入れて文を完成しなさい。

1) 你想吃（　　　）？
   我想吃中国（　　　）。

2) 你（　　　）吃意大利面吗？
   不（　　　），我（　　　）吃日本荞麦面。

3) 你（　　　）开车吗？
   （　　　）。

4) 他会汉语吗？
   （　　　）会。

5) 韩国菜（　　　）？
   可以。

【 菜　想　想　想　不会　怎么样　什么　会　不 】

第 七 课　　打　工
Dì　qī　kè　　Dǎ　gōng

56

田中：你 打工 吗?
　　　Nǐ　dǎ gōng　ma?

王　：现在 还 没 打工，
　　　Xiànzài　hái　méi　dǎ gōng,

　　　但是 不 打工 不 行。
　　　dànshì　bù　dǎ gōng　bù　xíng.

田中： あなたはアルバイトをしていますか？
王　： まだしていません。でも私はアルバイトをしなければならないのです。

李　：你 想 打 什么 工（在
　　　Nǐ　xiǎng　dǎ　shénme　gōng（zài

　　　哪儿 打工）？
　　　nǎr　dǎ gōng）？

王　：在 超级市场 和 快餐店
　　　Zài　chāojí shìchǎng　hé　kuàicāndiàn

　　　都 可以。
　　　dōu　kěyǐ.

李： どこでアルバイトをしたいですか？
王： スーパーでも、ファーストフードのお店でもどちらでもかまいません。

Lesson 7

田中： 我 帮 你 找找 吧。
　　　 Wǒ bāng nǐ zhǎozhao ba.

王 ： 真 的? 那 给 你 添 麻烦 了。
　　　 Zhēn de? Nà gěi nǐ tiān máfan le.

田中： 一緒にさがしましょう。
王 ： 本当？ じゃ、よろしくお願いします。

57

新出単語

打工	dǎ/gōng	还	hái	在～	zài	超级市场（超市）	chāojí shìchǎng (chāoshì)	
和	hé	快餐店	kuàicāndiàn	找	zhǎo	吧	ba	真的 zhēnde
给	gěi	添	tiān	麻烦	máfan	了	le	那 nà
行	xíng	帮	bāng					

単語ノート

晴 qíng　　　客气 kèqi　　　咖啡店 kāfēidiàn

■**方位詞**

上边 shàngbian　　下边 xiàbian　　前边 qiánbian　　后边 hòubian
左边 zuǒbian　　右边 yòubian　　里边 lǐbian　　外边 wàibian
旁边 pángbiān　　中间 zhōngjiān　　对面 duìmiàn
东边 dōngbian　　南边 nánbian　　西边 xībian　　北边 běibian

■**動詞と動詞＋目的語**

出去 chūqù　　复习 fùxí　　学 xué　　走 zǒu
吃饭 chī / fàn　　上课 shàng / kè　　看电影 kàn diànyǐng　　买东西 mǎi dōngxi

 キー・ワード

■ "找找"

① 看看
　kànkan

② 看（一）看
　kàn（yi）kan

③ 复习复习
　fùxí　fuxi

　動詞の一部は、重ね型を取ることがあります。この型を取ることで、「動作が短く、試しにやってみる」という意味が加わります。単音節動詞は、ＡＡ型を取り、２音節動詞はＡＢＡＢ型をとり、それぞれうしろのＡとＡＢ部分が軽声で発音されます。

■ "没（有）"

① 现在　还　没（有）　打工。
　Xiànzài　hái　méi（you）　dǎ gōng.

② 昨天　没（有）　打工。
　Zuótiān méi（you）　dǎ gōng.

　過去の否定と未然の意味は"没（有）"で表わします。"还"は「まだ、依然として」の意味で、以前の状態のままであることをいう副詞で、"没有"と結びついて未然を強調します。動詞のすぐまえに置かれます。②の"没有"は過去の否定です。

■ "给"

① 她 给 妈妈 买 一 件 毛衣。
　Tā gěi māma mǎi yī jiàn máoyī.

② 我 不 给 你 打 电话。
　Wǒ bù gěi nǐ dǎ diànhuà.

■ "了"と"吧"　　　　　　　　⇒ 第12課参照

① 我们 一起 走 吧。
　Wǒmen yīqǐ zǒu ba.

② 我 弟弟 今年 十 岁 了。
　Wǒ dìdi jīnnián shí suì le.

③ 天 晴 了 吧?
　Tiān qíng le ba?

文末の"了"や"吧"は語気助詞と呼ばれ、話者の心理的色あい（気持ち）を表わします。
〈那给你添麻烦了〉では、「迷惑をかけてしまうことになる」という、「今までになかった状況になる」（変化）ことを表わします。
①の"吧"は婉曲な命令の語気を表わし、③の"吧"は推測の語気を表わします。

■ "不打工不行"

「緊縮文」といわれる、簡潔な複文のことで口語のなかで多く用いられます。マークになる言葉は二つの副詞で、それぞれ前後の副詞が呼応して条件文を構成します。

■ "在哪儿打工"

介詞（前置詞）は必ず述語動詞よりまえに置かれることに注意しましょう。

■ "帮你找"

"帮"は「手助けする」意味の兼語動詞で、ここでは「あなたを手助けし、一緒にアルバイト先をさがす」意味になります。

● 中国の主な祝祭日（"jiérì"）

春节	Chūnjié
清明（节）	Qīngmíng (Jié)
五一劳动节	Wǔ-Yī Láodòng Jié
端午（节）	Duānwǔ (Jié)
中秋（节）	Zhōngqiū (Jié)
十一（国庆）节	Shí-Yī (Guóqìng) Jié

ステップ 1　　　　　　　　　STEP1

① ピンインを漢字に直しなさい。

1) dǎgōng　　2) hái méi　　3) xiǎng
（　　　）　（　　　）　（　　　）

4) nǎr　　5) kěyǐ　　6) máfan
（　　　）　（　　　）　（　　　）

② ピンインを［漢字］に直し、（和訳）しなさい。

1) dǎgōng　　　　［　　］（　　）　2) hái méi　　［　　］（　　）
3) dǎ shénme gōng　［　　　］（　　　）
4) zhǎozhao　　　　［　　］（　　）
5) gěi nǐ tiān máfan ［　　　］（　　　）
6) dōngxi　［　　］（　　）　7) bù xíng　［　　］（　　）
8) kuàicāndiàn　［　　］（　　）　9) nà　［　　］（　　）
10) lǐbian　［　　］（　　）

③ 簡体字に直しなさい。

1) 還（　　）　2) 復（　　）
3) 習（　　）　4) 場（　　）
5) 課（　　）　6) 辺（　　）

　聴き取り

質問を書き取り、答えなさい（簡体字で）。🔘58

　　　　質問　　　　　　　　　答え
1) ＿＿＿＿＿＿＿＿＿　　＿＿＿＿＿＿＿＿＿
2) ＿＿＿＿＿＿＿＿＿　　＿＿＿＿＿＿＿＿＿
3) ＿＿＿＿＿＿＿＿＿　　＿＿＿＿＿＿＿＿＿

ステップ 2

① 下線部を置き換えなさい。

1) 你想打工吗？
   chūqù 出去　　　　chīfàn 吃饭　　　　shàngkè 上课
   kàn diànyǐng 看电影　　mǎi dōngxi 买东西

2) 现在还没买，但是不买不行。
   qù 去、bú qù 不去　　　　chī 吃、bù chī 不吃
   fùxí 复习、bú fùxí 不复习　　xué 学、bù xué 不学

3) 咱们一起找找吧。
   xuéxue 学学　　zóuzou 走走　　kànkan 看看　　tīngting 听听

4) 你想在哪儿打工？
   mǎi dōngxi 买东西　chīfàn 吃饭　　fùxí 复习　　xué Yīngyǔ 学英语

5) 在学校和家都可以。
   túshūguǎn 图书馆　jiàoshì 教室　　shítáng 食堂　　kāfēidiàn 咖啡店
   Dōngjīng 东京　　Héngbīn 横滨　　nǐjiā 你家　　wǒjiā 我家

② （　）の中に単語を入れて文を完成しなさい。

1) 你学汉语吗？
   现在（　　　）（　　　），我想明年学。

2) 你（　　　）什么？
   （　　　）和咖啡（　　　）可以。

3) （　　　）你（　　　）麻烦了。
   （　　　）客气。

4) 我（　　　）是韩国人。
   （　　　）？ 你（　　　）时候来日本的？

5) 你（　　　）哪儿打工？
   在（　　　）市场。

【 学　在　喝　添　不　什么　都　给　超级　茶　也　真的　还没 】

第 八 课　　学　外语
Dì　bā　kè　　Xué　wàiyǔ

田中：你 学 什么 外语?
　　　Nǐ xué shénme wàiyǔ?

王　：英语。
　　　Yīngyǔ.

田中： あなたはどんな外国語を勉強し
　　　ていますか?
王　： 英語です。

李　：你 学过 韩国语 吗?
　　　Nǐ xuéguo Hánguóyǔ ma?

田中：学过, 学 了 三 年。
　　　Xuéguo xuéle sān nián.

　　　(没 学过。)
　　　(Méi xuéguo.)

李　： あなたは韓国語を勉強したことがありますか?
田中： 習ったことがあります。3年勉強しました。
　　　(習ったことがありません。)

Lesson 8

王 ：你 英语, 日语 都 很 好。
　　 Nǐ Yīngyǔ, Rìyǔ dōu hěn hǎo.

李 ：哪里, 哪里, 过奖 了。
　　 Nǎli, nǎli, guòjiǎng le.

王 ： あなたは英語も日本語も上手ですね。
李 ： まだまだです、ほめすぎですよ。

新出単語

| 外语 wàiyǔ | -过 guo | 年 nián | 哪里, 哪里 nǎli, nǎli |
| -了 le | 过奖 guòjiǎng | 韩国语 Hánguóyǔ | |

単語ノート

身体 shēntǐ　　地方 dìfang　　一点儿 yīdiǎnr　　小时 xiǎoshí

■都市・地域

亚洲 Yàzhōu　　欧洲 Ōuzhōu　　北京 Běijīng　　香港 Xiānggǎng
纽约 Niǔyuē　　巴黎 Bālí　　首尔 Shǒu'ěr

■動詞と目的語

看电视 kàn diànshì　　喝酒 hē jiǔ　　听歌曲 tīng gēqǔ
唱歌 chàng gē　　跳舞 tiào / wǔ　　滑冰 huá / bīng　　做工作 zuò gōngzuò

■仕事と学習

经济学 jīngjìxué　　法律学 fǎlùxué　　医学 yīxué　　专业 zhuānyè
文学 wénxué

■時間名詞

现在 xiànzài　　白天 báitiān　　早上 zǎoshang　　晚上 wǎnshang
夜里 yèli

キー・ワード

■ "学了<u>三年</u>"

① 你 学 了 几 年?
　Nǐ　xuéle　jǐ　nián?

② 我 在 北京 住 了 十 年。
　Wǒ　zài Běijīng　zhùle　shí nián.

③ 我 看 了 一 个 小时 电视。
　Wǒ　kànle　yī　ge xiǎoshí diànshì.

　　動詞のうしろに時間の長さを表わす語句を置き、動作がなされる時間・期間を表わします。
　　英語では、期間を表わす介詞（前置詞）のようなマークになる言葉が置かれるので、容易にわかりますが、中国語では目的語と同様に、動詞のうしろに時間・期間を表わす名詞がマークになる言葉もなくそのまま置かれるのでわかりづらいでしょう。充分に慣れることが必要です。
　　このような語は文中では、動詞を補足する言葉として、補語とよばれます。この補語は動詞と緊密な関係にあるため、動詞が目的語と補語の二つを取る場合、普通、動詞のすぐ

うしろに補語を置き、目的語はそのうしろに置きます。

■ "- 过"

① 我　看过　　中国　　电影。
　 Wǒ　kànguo　Zhōngguó　diànyǐng.

② 你　去过　中国　吗?
　 Nǐ　qùguo Zhōngguó ma?

　　 我　没（有）　去过。
　　 Wǒ　méi(you)　qùguo.

語形変化が出来ない中国語は、動作の開始、進行、持続、完了などの時制変化を、動詞以外の言葉の助けを借りて表わします。
"-了"は「完了」を表わし、うしろに時間を表わす補語があれば、普通は過去形（過去の完了）に訳せます。"- 过"は過去の経験を表わすことができます。

■ "过奖了"

"了"は文末に置かれ、話者の感情を表わす言葉で、ここでは「度を超えている気持ち」を表わします。

● 世界のどの都市？

曼谷 Màngǔ	悉尼 Xīní
开罗 Kāiluó	伦敦 Lúndūn
罗马 Luómǎ	威尼斯 Wēinísī
柏林 Bólín	莫斯科 Mòsīkē
洛杉矶 Luòshānjī	温哥华 Wēngēhuá

STEP 1

① ピンインを漢字に直しなさい。

1) wàiyǔ　　　2) Yīngyǔ　　　3) xuéguo
　（　　　）　　（　　　　）　　（　　　　）
4) méi　　　　5) nǎli　　　　6) guòjiǎng
　（　　　）　　（　　　　）　　（　　　　）

② ピンインを［漢字］に直し、（和訳）しなさい。

1) wàiyǔ ［　　］（　　　）　　2) xuéguo ［　　］（　　　）
3) xuéle sān nián ［　　　］（　　　）
4) kàn diànshì ［　　　］（　　　）
5) nǎli, nǎli ［　　　］（　　　）6) guòjiǎng ［　　　］（　　　）
7) dìfang ［　　　］（　　　）　8) huábīng ［　　　］（　　　）
9) Niǔyuē ［　　　］（　　　）　10) tiàowǔ ［　　　］（　　　）

③ 簡体字に直しなさい。

1) 亜（　　　）　2) 過（　　　）
3) 専（　　　）　4) 奨（　　　）
5) 業（　　　）　6) 時（　　　）

 聴き取り

質問を書き取り、答えなさい（簡体字で）。🔊61

　　　　　質問　　　　　　　　　答え
1) _____　　_____
2) _____　　_____
3) _____　　_____

ステップ2

① 下線部を置き換えなさい。

1) 你<u>学</u>什么<u>外语</u>？
   xué zhuānyè 学 专业　　　zuò gōngzuò 做 工作
   qù dìfang 去 地方　　　　yǒu shìr 有 事儿

2) 我学<u>英语</u>。
   Hànyǔ 汉语　　Rìyǔ 日语　　Fǎyǔ 法语　　Déyǔ 德语

3) 你去过<u>韩国</u>吗？
   Ōuzhōu 欧洲　　Měiguó 美国　　Běijīng 北京　　shǒu'ěr 首尔

4) 你<u>看</u>过中国<u>电影</u>吗？
   hē jiǔ 喝 酒　　chī cài 吃 菜　　hē chá 喝 茶
   tīng gēqǔ 听 歌曲

5) 他<u>英语</u>，<u>日语</u>都很好。
   chàng gē、tiàowǔ 唱歌、跳舞　　yóuyǒng、huábīng 游泳、滑冰
   gōngzuò、shēntǐ 工作、身体　　fùmǔ、háizi 父母、孩子

② （ ）の中に単語を入れて文を完成しなさい。

1) 你去什么（　　　　）？　　——我去朋友家。
2) 他学什么（　　　　）？　　——他学法律。
3) 你（　　　　）过中国吗？　——我（　　　　）去过。
4) 他学过汉语吗？　　　　　　——学（　　　　）一点儿。
5) 你在（　　　　）学过汉语？——在韩国。

【 专业　哪儿　那儿　过　去　没　地方 】

第九课　　生病
Dì jiǔ kè　　Shēng bìng

62

王　：你 怎么 了?
　　　Nǐ zěnme le?

田中：有点儿 不 舒服。
　　　Yǒudiǎnr bù shūfu.

王　：どうしたの？
田中：ちょっと具合がよくないの。

李　：我 这儿 有 药。
　　　Wǒ zhèr yǒu yào.

田中：谢谢, 我 打算 下午 去 医院。
　　　Xièxie, wǒ dǎsuan xiàwǔ qù yīyuàn.

李　：私、薬もってますよ。
田中：ありがとう、午後病院へ行くつもりです。

Lesson 9

王 ：我 陪 你 去 吧。
　　　Wǒ péi nǐ qù ba.

田中：不用，我 一 个 人 能 去。
　　　Bùyòng, wǒ yī ge rén néng qù.

王 ： ついて行ってあげるわ。
田中： 大丈夫。一人で行けるから。

63

新出単語

生病	shēng / bìng	怎么了	zěnme le	有点儿	yǒudiǎnr	舒服	shūfu
药	yào	谢谢	xièxie	打算	dǎsuan	陪	péi
不用	bùyòng	能	néng	我这儿	wǒ zhèr		

単語ノート

小说 xiǎoshuō　　磁带 cídài　　必须 bìxū　　得 děi

■形容詞

累 lèi　　困 kùn　　冷 lěng　　热 rè
渴 kě　　漂亮 piàoliang　　难 nán　　瘦 shòu
胖 pàng　　饿 è　　可爱 kě'ài　　年轻 niánqīng

■動詞と目的語

吃药 chī yào　　看病 kàn / bìng　　发烧 fā / shāo　　起床 qǐ / chuáng
抽烟 chōu yān　　等车 děng chē　　接电话 jiē diànhuà

■介詞（前置詞）

和 hé　　跟 gēn

■病気・身体

咳嗽 késou　　大夫 dàifu　　感冒 gǎnmào　　头疼 tóuténg
眼睛 yǎnjing　　耳朵 ěrduo　　嘴 zuǐ　　鼻子 bízi
肚子疼 dùzi téng

■時間名詞

上午 shàngwǔ　　中午 zhōngwǔ　　下午 xiàwǔ　　每天 měitiān
六点半 liùdiǎn bàn　　几点几分 jǐdiǎnjǐfēn

 キー・ワード

■ "能"

① 明天　你　能　来　吗?
　Míngtiān　nǐ　néng　lái　ma?

② 这儿　不　能　抽　烟。
　Zhèr　bù　néng　chōu　yān.

③ 现在　你　能　看　汉语　书　了　吗?
　Xiànzài　nǐ　néng　kàn　Hànyǔ　shū　le　ma?

中国語の「～することができる」は幾つかの語彙で区別して使われます。日本語や英語に比べ少し複雑です。"能"もその一つで、「能力があってできる、ある条件のもとでできる」ことを表わします。"不能"はその条件が無いことを表わし、あるときには「禁止」を表わします。

■ "下午"

① 我 <u>每天</u> 六 点 半 起床。
　Wǒ měitiān liù diǎn bàn qǐchuáng.

② 你 <u>明年</u> 还 来 吗?
　Nǐ míngnián hái lái ma?

"下午"のような時間名詞は、文中では動詞よりまえに置かれ、副詞として機能します。日本語では時間名詞に「～に」をつけたりして動詞の修飾語であることを明示しますが、中国語では時間名詞がマークになる言葉もなくそのまま置かれます。その置かれる位置に注意しましょう。

また同様に、一部の名詞も、次の例のようにマークになる言葉を伴なわないで副詞として機能します。

　我 <u>一个人</u> 能 去。
　Wǒ yī ge rén néng qù.

■ "我这儿"

人称代名詞を場所語に変化させる連語で、「私のところ、うち」の意味になります。

➡ 造字法、覚えれば読める中国語！

● 造字法 その4 ●

画数の多い正字の一部分を簡単な記号に替える。

例： 歯 → 齿
　　 観 → 观
　　 戯 → 戏

簡体字を選びなさい。
　漢（　） 風（　） 難（　） 鶏（　） 趙（　）
　［鸡　汉　赵　难　风］

ステップ 1 　　　　　　　　　　　　　　　STEP1

① ピンインを漢字に直しなさい。

1) yǒudiǎnr　　　2) shūfu　　　3) zhèr
　（　　　）　　　（　　　）　　　（　　　）
4) zěnme le　　　5) yīyuàn　　　6) néng
　（　　　）　　　（　　　）　　　（　　　）

② ピンインを［漢字］に直し、（和訳）しなさい。

1) shūfu ［　　　］（　　　）　　2) xiàwǔ ［　　　］（　　　）
3) dǎsuan ［　　　］（　　　）
4) péi nǐ qù ［　　　］（　　　）
5) yī ge rén qù ［　　　］（　　　）　6) bù yòng ［　　　］（　　　）
7) rè ［　　　］（　　　）　　　　8) piàoliang ［　　　］（　　　）
9) nán ［　　　］（　　　）　　　10) lèi ［　　　］（　　　）

③ 簡体字に直しなさい。

1) 薬（　　　）　2) 軽（　　　）
3) 煙（　　　）　4) 頭（　　　）
5) 発（　　　）　6) 熱（　　　）

 聴き取り

質問を書き取り、答えなさい（簡体字で）。 🎧64

　　　　質問　　　　　　　　　　答え
1) _____　　_____
2) _____　　_____
3) _____　　_____

ステップ 2

① 下線部を置き換えなさい。

1) 我有点儿<u>不舒服</u>。
　　lèi 累　　　kùn 困　　　lěng 冷　　　rè 热　　　kě 渴

2) 我这儿有<u>药</u>。
　　zìdiǎn 字典　　zázhì 杂志　　xiǎoshuō 小说　　cídài 磁带

3) 我陪你<u>去</u>吧。
　　děng 等　　　chī 吃　　　hē 喝　　　kàn 看

4) 我<u>打算</u>下午去医院。
　　xiǎng 想　　　yào 要　　　děi 得　　　bìxū 必须

5) 我<u>陪</u>你去吧。
　　hé 和　　　gēn 跟　　　zhǎo 找　　　jiē 接

② (　)の中に単語を入れて文を完成しなさい。

1) 你（　　　）（　　　）？
　　（　　　）不舒服。
2) 我（　　　）你去医院吧。
　　（　　　），我一个人（　　　）去。
3) 你（　　　）不去？
　　我有点儿累了。
4) 你（　　　）不舒服？
　　我肚子疼。
5) 你一天吃（　　　）药？
　　三种。

【有点儿　了　不用　几种　哪儿　怎么　能　为什么　陪】

第 十 课　　在　图书馆
Dì shí kè　　Zài túshūguǎn

田中： 你 在 看 什么 书?
　　　Nǐ zài kàn shénme shū?

李　： 我 在 看 日语 小说。
　　　Wǒ zài kàn Rìyǔ xiǎoshuō.

田中： 何を読んでいるの？
李　： 日本語の小説を読んでいるの。

王　： 她 喜欢 看 书。
　　　Tā xǐhuan kàn shū.

田中： 你 经常 来 图书馆 吗?
　　　Nǐ jīngcháng lái túshūguǎn ma?

王　： 彼女は読書が好きですね。
田中： 図書館によく来ますか？

Lesson 10

王　：经常　　来。
　　　Jīngcháng　lái.

田中：我　也　经常　　来。
　　　Wǒ　yě　jīngcháng　lái.

王　： いつも来ています。
田中： 私もよく来るのよ。

新出単語

在(+V) zài　　　经常 jīngcháng　　　图书馆 túshūguǎn　　　喜欢 xǐhuan

小说 xiǎoshuō

単語ノート

■ 時間名詞と時間副詞

　　　每天 měitiān　　　天天 tiāntiān　　　时常 shícháng　　　常常 chángcháng

■ 動詞と目的語

　　　听音乐 tīng yīnyuè　　玩游戏 wán yóuxì　　弹钢琴 tán gāngqín
　　　跑步 pǎo/bù　　　　　踢足球 tī zúqiú　　　打羽毛球 dǎ yǔmáoqiú
　　　看球赛 kàn qiúsài　　　看报 kàn bào　　　看电视新闻 kàn diànshì xīnwén
　　　看中文小说 kàn Zhōngwén xiǎoshuō　　　养花 yǎng huā
　　　养狗 yǎng gǒu　　养猫 yǎng māo　　种菜 zhòng cài　　喝绿茶 hē lǜchá

■ 動詞

　　　说 shuō　　讲 jiǎng　　念 niàn　　问 wèn　　查 chá
　　　哭 kū　　　笑 xiào　　办 bàn　　拿 ná　　敲 qiāo
　　　推 tuī　　拉 lā　　　到 dào　　上楼 shàng lóu
　　　下楼 xià lóu　　回 huí　　站 zhàn　　躺 tǎng　　爬 pá

 キー・ワード

■ "在 +V"

　① 他　在　做　什么?
　　 Tā　zài　zuò　shénme?

　　 他　在　吃　饭　呢。
　　 Tā　zài　chī　fàn　ne.

　動作の進行は、動詞のまえに副詞"在"を置き表わします。ちょうど、英語で、"動詞原形 + ing"で表わすのと逆になりますから覚えやすいと思います。

■ "喜欢"

　① 弟弟　喜欢　打　球。
　　 Dìdi　xǐhuan　dǎ　qiú.

　② 我　不　喜欢　喝　咖啡。
　　 Wǒ　bù　xǐhuan　hē　kāfēi.

　③ 她　喜欢　这　件　衣服。
　　 Tā　xǐhuan　zhè　jiàn　yīfu.

"喜欢"は動詞を目的語に取る動詞で、"开始 kāishǐ"などと同じです。英語では
　　like, start
といった動詞がこのような働きをしますが、それらはうしろに"to ～"といった不定詞が動詞のまえに置かれ、名詞化した目的格であることが容易にわかりますが、中国語では動詞が直接に目的語としてうしろに置かれます。

● 新語の"微博"と"博客"

"微博"とは、中国版「ツイッター」のことで、"博客"は、おなじみの「ブログ」です。

● 造字法、覚えれば読める中国語！

● 造字法 その5 ●
本来の正字（繁体字）の一部分だけを残して簡略化する。
例： 雑 ⇒ 杂
　　　児 ⇒ 儿
　　　術 ⇒ 术
簡体字を選びなさい。
　時（　）飛（　）習（　）親（　）業（　）
　[习　亲　业　飞　时]

ステップ1 STEP1

① ピンインを漢字に直しなさい。

1) túshūguǎn　　2) xiǎoshuō　　3) lái
　（　　　）　　（　　　）　　（　　　）
4) jīngcháng　　5) zài　　6) xǐhuan
　（　　　）　　（　　　）　　（　　　）

② ピンインを［漢字］に直し、（和訳）しなさい。

1) kàn shū　　［　　］（　　）　2) zài kàn　　［　　］（　　）
3) xǐhuan kàn　［　　］（　　）
4) lái túshūguǎn［　　］（　　）
5) jīngcháng lái［　　］（　　）
6) tīng yīnyuè　［　　］（　　）
7) sòng huā　　［　　］（　　）　8) yǎng gǒu　［　　］（　　）
9) yǎng huā　　［　　］（　　）　10) zhòng cài［　　］（　　）

③ 簡体字に直しなさい。

1) 講（　　）　2) 歓（　　）
3) 図（　　）　4) 養（　　）
5) 楽（　　）　6) 報（　　）

 聴き取り

質問を書き取り、答えなさい（簡体字で）。 🔊67

　　　質問　　　　　　　　　答え
1) _____　_____
2) _____　_____
3) _____　_____

ステップ2

① 下線部を置き換えなさい。

1) 你在<u>看</u>什么<u>书</u>？
   - tīng yīnyuè 听 音乐
   - zuò cài 做 菜
   - wán yóuxì 玩 游戏
   - kàn diànshì 看 电视

2) 他喜欢<u>看书</u>。
   - pǎobù 跑步
   - tī zúqiú 踢足球
   - dǎ yǔmáoqiú 打羽毛球
   - tán gāngqín 弹钢琴

3) 你<u>经常</u>来图书馆吗？
   - měitiān 每天
   - tiāntiān 天天
   - shícháng 时常
   - chángcháng 常常

4) 他在看<u>杂志</u>。
   - bào 报
   - diànshì xīnwén 电视新闻
   - Zhōngwén xiǎoshuō 中文小说
   - qiúsài 球赛

5) 我喜欢做<u>菜</u>。
   - yǎng huā 养花
   - yǎng māo 养猫
   - yǎng gǒu 养狗
   - zhòng cài 种菜

② （ ）の中に単語を入れて文を完成しなさい。

1) 你（　　　）看什么？—— 我在看（　　　）。

2) 你喜欢（　　　）？—— 我喜欢看电影。

3) 你（　　　）看电影吗？—— 不（　　　）看。

4) 他（　　　）喝咖啡吗？——（　　　）喜欢。

5) 你喜欢喝（　　　）茶？—— 我喜欢喝绿茶。

【 报　不　在　喜欢　什么　什么　怎么　经常　经常 】

第 十一 课　写　信
Dì　shíyī　kè　Xiě　xìn

田中：你 给 谁 写 信 呢?
　　　Nǐ gěi shéi xiě xìn ne?

王　：给 我 妈妈。
　　　Gěi wǒ māma.

田中：誰に手紙を書いていますか？
王　：母に手紙を書いているの。

李　：我 常 给 家里 发
　　　Wǒ cháng gěi jiāli fā

　　　伊妹儿（电子邮件）。
　　　yīmèir (diànzǐ yóujiàn).

王　：田中, 你 天天 用
　　　Tiánzhōng, nǐ tiāntiān yòng

　　　电脑 吗?
　　　diànnǎo ma?

李　：私はいつも家にメールを送るんです。
王　：田中さん、あなたはパソコンを毎日使
　　　いますか？

Lesson 11

田中：不 天天 用。 我 每天 用
　　　Bù tiāntiān yòng. Wǒ měitiān yòng

　　　手机 发 短信。
　　　shǒujī fā duǎnxìn.

王 ：手机 比 电脑 还 方便。
　　　Shǒujī bǐ diànnǎo hái fāngbiàn.

田中： 毎日使うわけではありません。私は携帯電話でメールを毎日送っています。
王 ： 携帯の方が、パソコンより便利ですね。

69

新出単語

写信 xiě xìn	常 cháng	家里 jiāli	发 fā	伊妹儿 yīmèir
电子邮件 diànzǐ yóujiàn	天天 tiāntiān	用 yòng	电脑 diànnǎo	
短信 duǎnxìn	方便 fāngbiàn	比 bǐ		

単語ノート

地址 dìzhǐ　　邮票 yóupiào　　明信片儿 míngxìnpiànr　　航空信 hángkōngxìn
信封 xìnfēng　　现金 xiànjīn　　这么 zhème　　　　　　不怎么 bù zěnme

■**動詞と目的語**

修电脑 xiū diànnǎo　　挑电脑 tiāo diànnǎo　　组装电脑 zǔzhuāng diànnǎo
写论文 xiě lùnwén　　联系 liánxi　　　　　　画画儿 huà huàr
寄信 jì xìn　　　　　发传真 fā chuánzhēn　　发短信 fā duǎnxìn
付款 fù kuǎn　　　　用信用卡 yòng xìnyòngkǎ

■**生活**

刷牙 shuā yá　　　洗澡 xǐ / zǎo　　桌子 zhuōzi　　椅子 yǐzi
台灯 táidēng　　　听广播 tīng guǎngbō　　　　　　　　录像机 lùxiàngjī
耳机 ěrjī　　　　　录音机 lùyīnjī　　毛巾 máojīn
卫生纸 wèishēngzhǐ　梳子 shūzi　　手绢儿 shǒujuànr

 キー・ワード

■ "比"

① 今天　比　昨天　（还）　热。
　Jīntiān　bǐ　zuótiān　(hái)　rè.

② 昨天　没有　今天　（这么）　热。
　Zuótiān　méiyǒu　jīntiān　(zhème)　rè.

比較の表現には例①、②のように２つの言い方があります。
　上の例①のように介詞（前置詞）"比"は述語である形容詞"热"のまえに置かれます。また形容詞のまえに"还"や"更"など比較の程度を表わす副詞を置くこともあります。また、次の文のように比較の差を表わす表現もあります。

　她　比　我　大　两　岁。
　Tā　bǐ　wǒ　dà　liǎng　suì.

この表現には、"不"を用いる否定文はありません。②のように、"没有"を用います。
　②は動詞"没有"を用いるもので、「～ほどの…はない」といった表現の形を取ります。

■ "不天天用"

"不天天用"は部分否定の表現で、「さほど～とは言えない」の意味をあらわすものに「不＋怎么＋～」がよく使われます。

■外来語

企業名
　　　　佳能 Jiānéng　　　　　三得利 Sāndélì　　　　　罗森 Luósēn

食品
　　　　三明治 sānmíngzhì　　　汉堡包 hànbǎobāo　　　巧克力 qiǎokèlì

ファーストフード
　　　　麦当劳 Màidāngláo　　　肯德基 Kěndéjī　　　　星巴克 Xīngbākè

ファッション
　　　　优衣库 Yōuyīkù　　　　古奇 Gǔqí　　　　　　路易・威登 Lùyì wēidēng

パソコン
　　　　因特网 yīntèwǎng　　　雅虎 Yǎhǔ　　　　　　黑客 hēikè

娯楽
　　　　卡拉OK kǎlā OK　　　　电子游戏 diànzǐ yóuxì　　保龄球 bǎolíngqiú

➡ アルファベット混じりの漢語

AA制	割り勘
CCTV	"中国中央电视台" 中国中央テレビ
U盘	USBメモリ
B超	（俗語）超音波検査
HSK	"汉语水平考试"
pm2.5	"雾霾" 大気汚染をもたらす微小粒子状物質

ステップ 1　STEP 1

① ピンインを漢字に直しなさい。

1) xiě　　　　2) xìn　　　　3) shéi
（　　　）　（　　　）　（　　　　）

4) gěi　　　　5) fā　　　　6) fāngbiàn
（　　　）　（　　　）　（　　　　）

② ピンインを［漢字］に直し、（和訳）しなさい。

1) gěi māma xiě xìn　　［　　　　］（　　　　）
2) huì　　　　　　　　［　　　　］（　　　　）
3) huì yòng　　　　　　［　　　　］（　　　　）
4) yīmèir　　　　　　　［　　　　］（　　　　）
5) diànzi　　　　　　　［　　　　］（　　　　）
6) yóujiàn　　　　　　　［　　　　］（　　　　）
7) fā duǎnxìn　　　　　［　　　　］（　　　　）
8) fāngbiàn　　　　　　［　　　　］（　　　　）
9) bǐ diànnǎo fāngbiàn　［　　　　］（　　　　）
10) hái fāngbiàn　　　　［　　　　］（　　　　）

 聴き取り

質問を書き取り、答えなさい（簡体字で）。 🎧70

　　　　質問　　　　　　　　　答え
1) _____　_____
2) _____　_____
3) _____　_____

ステップ 2

① 下線部を置き換えなさい。

1) 你给谁<u>写信</u>呢？
   dǎ diànhuà 打电话　　　fā diànzǐ yóujiàn 发电子邮件
   fā duǎnxìn 发短信　　　fā chuánzhēn 发传真

2) 你会<u>用</u>电脑吗？
   xiū 修　　　dǎ 打　　　tiāo 挑　　　zǔzhuāng 组装

3) 你<u>常</u>给家里发电子邮件吗？
   jīngcháng 经常　　měitiān 每天　　chángcháng 常常　　shícháng 时常

4) 我不怎么<u>会</u>。
   xǐhuan 喜欢　　yòng 用　　qí chē 骑车　　kāi chē 开车

5) 我用<u>手机发邮件</u>。
   diànnǎo dǎ lùnwén 电脑打论文
   duǎnxìn hé péngyou liánxi 短信和朋友联系
   diànnǎo wán yóuxì 电脑玩游戏　　diànnǎo huà huàr 电脑画画儿

② 並べかえて作文しなさい。

1) 今日は昨日より暑くない。
   _____　（热　没有　今天　昨天）

2) 誰に電話をかけますか。
   _____？（给　电话　谁　你　打）

3) パソコンは携帯より便利です。
   _____　（方便　比　手机　电脑）

4) 私はいつもクレジットカードで買物をします。
   _____　（信用卡　东西　买　用　经常　我）

第 十二 课　　去　旅行
Dì shí'èr kè　Qù lǚxíng

田中：你们 去 京都 了 吗?
　　　Nǐmen qù Jīngdū le ma?

王　：我 还 没 去。
　　　Wǒ hái méi qù.

李　：我 去 了 两 次。
　　　Wǒ qùle liǎng cì.

田中： あなたたちは京都へ行きましたか？
王　： まだ行ってません。
李　： 私は2回行ったわ。

田中：暑假, 我们 一起 去
　　　Shǔjià, wǒmen yīqǐ qù
　　　上海, 怎么样?
　　　Shànghǎi, zěnmeyàng?

李　：那 太 好 了。
　　　Nà tài hǎo le.

田中： 夏休みに一緒に上海へ行かない？
李　： いいわね。

Lesson 12

王 ：上海 现在 发展 很 快，
　　Shànghǎi xiànzài fāzhǎn hěn kuài,
　　很 值得 去。
　　hěn zhíde qù.

田中，李：
　　那么，我们 一起 去
　　Nàme, wǒmen yīqǐ qù
　　玩儿 一 趟 吧。
　　wánr yī tàng ba.

王 ： 上海の発展はすばらしいですよ。
　　　ぜひ行ってみる価値があります。
田中、李：
　　　じゃ、みんなで一度一緒に行きま
　　　しょうよ。

🔊72
新出単語

旅行	lǚxíng	京都	Jīngdū	两	liǎng	次	cì
暑假	shǔjià	上海	Shànghǎi	太〜了	tài le	发展	fāzhǎn
值得	zhíde	趟	tàng	玩儿	wánr	那么	nàme

単語ノート

旅游	lǚyóu	开会	kāi/huì	留学	liú/xué	读书	dú/shū
听讲演	tīng jiǎngyǎn	春假	chūnjià	寒假	hánjià	黄金周	huángjīnzhōu
元旦	yuándàn	一回	yī huí	一部	yī bù	一套	yī tào
一遍	yī biàn						

■ 時間副詞

已经 yǐjing　　刚 gāng　　早 zǎo

■ 中国の主な都市名

北京	Běijīng	上海	Shànghǎi	天津	Tiānjīn	重庆	Chóngqìng
广州	Guǎngzhōu	大连	Dàlián	哈尔滨	Hā'ěrbīn	沈阳	Shěnyáng
西安	Xī'ān	南京	Nánjīng	苏州	Sūzhōu	杭州	Hángzhōu
郑州	Zhèngzhōu	成都	Chéngdū	武汉	Wǔhàn	长沙	Chángshā
福州	Fúzhōu	兰州	Lánzhōu	拉萨	Lāsà		

 キー・ワード

■ "-了" と "了"

① 十二 点 了。
　Shí'èr diǎn le.

② 我 喝 了 两 杯 咖啡。
　Wǒ hēle liǎng bēi kāfēi.

③ 你 喝 （咖啡） 了 吗?
　Nǐ hē (kāfēi) le ma?

　—— 我 喝 （咖啡） 了。
　　　Wǒ hē (kāfēi) le.

■ "-了" と "了"

　文末の"了"と動詞のうしろに付く"-了"は字形も音声も同じですが、文中での位置で意味が異なります。

　文末に置かれる"了"は語気助詞で、文全体に意味が及んでおり、「（文の表わす）状況に変化したか、あるいはそのような状況に変化する」という「変化」の意味を表わします。一方、動詞に付く"了"は、動作の「完了」を表わしますが、①過去完了と②未来完了の意味があります。

■ "〜次"

① 她　去过　两　次。
　Tā　qùguo　liǎng　cì.

② 这　本　书　我　看　了　三　遍。
　Zhè　běn　shū　wǒ　kànle　sān　biàn.

③ 去　玩儿　一　趟　吧！
　Qù　wánr　yī　tàng　ba!

　中国語では動作の回数をカウントする表現はバラエティーに富んでいます。名詞の数を量詞によってカウントできたように、動作もカウントすることができます。その単位となる言葉を覚えましょう。こうした言葉は①〜③の例文にあるように、動詞のうしろに置いて、動詞の補語としての機能を果します。

➡ 造字法、覚えれば読める中国語！

● 造字法 その6 ●

画数の少ない古字に替えたり、画数の少ない部首に変えて簡略化した新しい字体を作る。

例：　無　⇒　无
　　　繭　⇒　茧
　　　竈　⇒　灶

簡体字を選びなさい。

　淚（　）　體（　）　筆（　）　塵（　）　慮（　）

　［尘　泪　笔　体　虑］

STEP 1

① ピンインを漢字に直しなさい。

1) Jīngdū   2) shǔjià   3) tài hǎo le
   (   )   (   )   (   )

4) fāzhǎn   5) yí tàng   6) wánr
   (   )   (   )   (   )

② ピンインを［漢字］に直し、（和訳）しなさい。

1) hái méi qù [   ] (   )   2) yìqǐ qù [   ] (   )
3) qù yí tàng [   ] (   )   4) zhíde qù [   ] (   )
5) nàme [   ] (   )   6) liǎng cì [   ] (   )

③ 簡体字に直しなさい。

1) 読（   ）   2) 慶（   ）
3) 値（   ）   4) 連（   ）
5) 広（   ）   6) 週（   ）

 聴き取り

質問を書き取り、答えなさい（簡体字で）。 🎧73

　　　　　　　質問　　　　　　　　　　答え
1) _____   _____
2) _____   _____
3) _____   _____

ステップ 2

① 下線部を置き換えなさい。

1) 你去<u>京都</u>了吗？
　　lǚyóu 旅游　　kāihuì 开会　　zhǎo gōngzuò 找工作　　liúxué 留学

2) 我<u>还没</u>来过。
　　yǐjing 已经　　gāng 刚　　zǎo 早　　qùnián 去年

3) <u>暑假</u>，我们一起去旅游吧。
　　chūnjià 春假　　hánjià 寒假　　huángjīnzhōu 黄金周　　yuándàn 元旦

4) 咱们一起去玩<u>一趟</u>吧。
　　yì tiān 一天　　yí cì 一次　　yì huí 一回　　jǐ tiān 几天

5) 那<u>个地方值得去</u>。
　　bù diànyǐng kàn　部　电影　看　　tào yīfu mǎi　套　衣服　买
　　běn shū dú　　　本　书　　读　　cì yǎnjiǎng tīng　次　演讲　听

② 並べかえて作文しなさい。

1) 私は去年2度来たことがあります。
　　_____（去年　两次　过　来　我）

2) 外国語を習って一年になります。（一年間外国語を習いました）
　　_____（外语　一年　了　我　了　学）

3) あなたと一緒に行きますが、如何ですか。
　　_____（和　去　一起　你　怎么样　我）

4) ショッピングをしましたか。
　　_____？（吗　东西　了　你　买）

語句索引

■ 第1課から第12課で取り上げた語句をピンイン順に配列している。数字は初出の課を示す。ただし"在"〔動〕，"‐在"，"在V"のように用法が異なっている場合は、それぞれの課の数字を掲げている。
■ ＊は新出単語
■ 〔動〕は動詞
■ 〔助〕は助動詞
■ 〔接〕は接続詞
■ 〔量〕は量詞
■ 〔介〕は介詞
■ 〔副〕は副詞
■ ／は離合動詞

—— B ——

八	bā	1
吧	ba	*7
巴黎	Bālí	8
爸爸	Bàba	2
白	bái	*5
白天	báitiān	8
搬家	bān / jiā	*4
办	bàn	10
半	bàn	9
帮	bāng	*7
保龄球	bǎolíngqiú	11
报	bào	10
杯	bēi	2
杯子	bēizi	6
北边	běibian	7
北京	Běijīng	8
本	běn	2
本子	běnzi	3
鼻子	bízi	9
比	bǐ	*11
笔	bǐ	2
必须	bìxū	9
遍	biàn	12
部	bù	12
不	bù	1
不错	bùcuò	6
不用	bùyòng	*9
不怎么	bù zěnme	11

—— C ——

菜	cài	*6
菜单	càidān	6
厕所	cèsuǒ	4
茶	chá	2
查	chá	10
常	cháng	*11
常常	chángcháng	10
长沙	Chángshā	12
唱歌	chàng gē	8
超级市场	chāojí shìchǎng	*7
超市	chāoshì	*7
炒饭	chǎofàn	6
车	chē	3
车票	chēpiào	3
车站	chēzhàn	4
成都	Chéngdū	12
吃	chī	*6
吃饭	chī / fàn	7
吃药	chī yào	9
重庆	Chóngqìng	12
抽烟	chōu yān	9
出去	chūqù	7
穿	chuān	5
传真	chuánzhēn	3
春假	chūnjià	12
磁带	cídài	9
次	cì	*12

—— D ——

打	dǎ	*3
打工	dǎ / gōng	*7
打羽毛球	dǎ yǔmáoqiú	10
打算	dǎsuan	*9
大	dà	4
大号	dàhào	5
大连	Dàlián	12
大学	dàxué	*4
大衣	dàyī	5
大夫	dàifu	9
但是	dànshì	*4
当然	dāngrán	*6
到	dào	10

98

德语	Déyǔ	6		法语	Fǎyǔ	6
的	de	*2		饭	fàn	*6
－的	de	*5		方便	fāngbiàn	4 /*11
得	děi	9		房间	fángjiān	3
等	děng	9		分	fēn	9
弟弟	dìdi	2		粉	fěn	5
地方	dìfang	8		福州	Fúzhōu	12
地址	dìzhǐ	11		付款	fù kuǎn	11
点	diǎn	9		父母	fùmǔ	4
点心	diǎnxīn	6		复习	fùxí	7
电话	diànhuà	*3				
电脑	diànnǎo	*11				
电视	diànshì	8		—— G ——		
电视新闻	diànshì xīnwén	10		感冒	gǎnmào	9
电影	diànyǐng	7		干	gàn	6
电子邮件	diànzǐ yóujiàn	*11		刚	gāng	12
电子游戏	diànzǐ yóuxì	11		哥哥	gēge	2
东边	dōngbian	7		歌曲	gēqǔ	8
东京	Dōngjīng	*4		个	ge	2
东西	dōngxi	7		给	gěi	*7
都	dōu	*1		跟	gēn	9
读书	dú / shū	12		工作	gōngzuò	4
肚子	dùzi	9		狗	gǒu	10
短信	duǎnxìn	*11		古奇	Gǔqí	11
对	duì	5		广播	guǎngbō	11
对不起	duìbuqǐ	*3		广州	Guǎngzhōu	12
对面	duìmiàn	7		贵	guì	5
多大	duō dà	*2		贵姓	guìxìng	*1
多少	duōshao	*3		过奖	guòjiǎng	*8
				过去	guòqù	4
				－过	guo〔時態助詞〕	*8
—— E ——						
饿	è	9				
耳朵	ěrduo	9		—— H ——		
耳机	ěrjī	11		哈尔滨	Hā'ěrbīn	12
二	èr	1		还	hái	*7
				孩子	háizi	3
				韩国	Hánguó	*1
—— F ——				韩国语	Hánguóyǔ	6 /*8
发	fā	*11		寒假	hánjià	12
发烧	fā / shāo	9		汉堡包	hànbǎobāo	11
发展	fāzhǎn	*12		汉语	Hànyǔ	6
法国	Fǎguó	1		航空信	hángkōngxìn	11
法律学	fǎlǜxué	8		杭州	Hángzhōu	12

好	hǎo	*1
好吃	hǎochī	6
号	hào	*2
号码	hàomǎ	*3
喝	hē	5
喝酒	hē jiǔ	8
和	hé〔介〕	*2
	hé〔接〕	*7
合适	héshì	*5
黑	hēi	5
黑客	hēikè	11
很	hěn	4
横滨	Héngbīn	*4
红	hóng	5
后边	hòubian	7
花	huā	10
滑冰	huá / bīng	8
画画儿	huà huàr	11
黄金周	huángjīnzhōu	12
回	huí〔量〕	12
	huí〔動〕	10
会	huì	*6

— J —

几	jǐ	*1
寄信	jì xìn	11
家	jiā	*4
家里	jiāli	*11
佳能	Jiānéng	11
件	jiàn	*5
将来	jiānglái	4
讲	jiǎng	10
讲演	jiǎngyǎn	12
饺子	jiǎozi	6
叫	jiào	*1
教室	jiàoshì	4
接	jiē	9
姐姐	jiějie	2
借	jiè	5
介绍	jièshào	*1
今年	jīnnián	*2
今天	jīntiān	*2
近	jìn	4

经常	jīngcháng	*10
京都	Jīngdū	*12
经济学	jīngjìxué	8
九	jiǔ	1

— K —

咖啡	kāfēi	2
咖啡店	kāfēidiàn	7
卡拉ＯＫ	kǎlā OK	11
开车	kāi chē	6
开会	kāi / huì	12
看	kàn	5
看病	kàn / bìng	9
考试	kǎoshì	3
咳嗽	késou	9
渴	kě	9
可爱	kě'ài	9
可以	kěyǐ	*6
课	kè	3
客气	kèqi	7
肯得基	Kěndéjī	11
空儿	kòngr	*3
哭	kū	10
裤子	kùzi	5
快餐店	kuàicāndiàn	*7
筷子	kuàizi	6
困	kùn	9

— L —

拉	lā	10
拉萨	Lāsà	12
蓝	lán	5
兰州	Lánzhōu	12
老师	lǎoshī	1
了	le〔文末助詞〕	*7
－了	le〔時態助詞〕	*8
累	lèi	9
冷	lěng	9
离	lí	*4
李	Lǐ	*1
里边	lǐbian	7
丽丽	Lìli	*1

联系	liánxi	11
两	liǎng	1 / *12
零	líng	*3
刘	Liú	1
留学	liú / xué	12
留学生	liúxuéshēng	*1
六	liù	1
路易威登	Lùyì wēidēng	11
录像机	lùxiàngjī	11
录音机	lùyīnjī	11
论文	lùnwén	11
罗森	Luósēn	11
旅行	lǚxíng	*12
旅游	lǚyóu	12
绿	lǜ	5
绿茶	lǜchá	10

— **M** —

妈妈	māma	*2
麻烦	máfan	*7
麻婆豆腐	mápódòufu	6
吗	ma	*1
买	mǎi	*5
麦当劳	Màidāngláo	11
猫	māo	10
毛巾	máojīn	11
毛衣	máoyī	5
没有	méiyǒu〔動〕	*3
没(有)	méi(yǒu)〔副〕	7
美国	Měiguó	1
每天	měitiān	*3
妹妹	mèimei	2
面包	miànbāo	6
面条	miàntiáo	6
明年	míngnián	2
明天	míngtiān	2
明信片儿	míngxìnpiànr	11

— **N** —

拿	ná	10
哪	nǎ	3
哪里，哪里	nǎli, nǎli	*8
哪儿	nǎr	3 / *4
哪一天	nǎ yī tiān	2
那	nà	3
	nà〔接〕	*7
那么	nàme	*12
那儿	nàr	4
难	nán	9
南边	nánbian	7
南京	Nánjīng	12
男朋友	nán péngyou	3
呢	ne	*6
能	néng	*9
你	nǐ	*1
你们	nǐmen	*1
年	nián	*8
年级	niánjí	*1
年轻	niánqīng	9
念	niàn	10
您	nín	*1
纽约	Niǔyuē	8

— **O** —

欧洲	Ōuzhōu	8

— **P** —

爬	pá	10
牌子	páizi	5
旁边	pángbiān	7
胖	pàng	9
跑步	pǎo / bù	10
陪	péi	*9
朋友	péngyou	2
皮鞋	píxié	5
便宜	piányi	5
漂亮	piàoliang	9

— **Q** —

七	qī	1
骑车	qí chē	6
埼玉	Qíyù	*4
起床	qǐ / chuáng	9

钱	qián	3
前边	qiánbian	7
敲	qiāo	10
荞麦面	qiáomàimiàn	6
巧克力	qiǎokèlì	11
晴	qíng	7
球赛	qiúsài	10
去	qù	4
去年	qùnián	2

— R —

热	rè	9
人	rén	1
日本	Rìběn	1
日语	Rìyǔ	6

— S —

三	sān	1
三得利	Sāndélì	11
三明治	sānmíngzhì	11
商场	shāngcháng	*5
商店	shāngdiàn	4
上边	shàngbian	7
上大学后	shàng dàxué hòu	4
上海	Shànghǎi	*12
上课	shàng / kè	7
上楼	shàng lóu	10
上午	shàngwǔ	9
谁	shéi	2
身体	shēntǐ	8
什么	shénme	1 / *5
什么时候	shénme shíhou	2
沈阳	Shěnyáng	12
生病	shēng / bìng	*9
生日	shēngrì	*2
十	shí	1
时常	shícháng	10
时间	shíjiān	*3
食堂	shítáng	4
是	shì	*1
事儿	shìr	3
首尔	shǒu'ěr	8

手机	shǒujī	*3
手绢儿	shǒujuànr	11
瘦	shòu	9
书	shū	2
书包	shūbāo	2
舒服	shūfu	*9
梳子	shūzi	11
暑假	shǔjià	*12
刷	shuā	*3
刷牙	shuā yá	11
双	shuāng	5
说	shuō	10
四	sì	1
苏州	Sūzhōu	12
宿舍	sùshè	3
岁	suì	*2

— T —

他	tā	1
她	tā	1
它	tā	1
他们	tāmen	1
她们	tāmen	1
它们	tāmen	1
台灯	táidēng	11
太	tài	*4
太~了	tài ~ le	*12
泰国	Tàiguó	6
弹钢琴	tán gāngqín	10
躺	tǎng	10
趟	tàng	*12
套	tào	5
疼	téng	9
踢足球	tī zúqiú	10
添	tiān	*7
天天	tiāntiān	10 / *11
天津	Tiānjīn	12
田中	Tiánzhōng	*1
挑	tiāo	11
条	tiáo	5
跳舞	tiào / wǔ	8
听	tīng	5
同学	tóngxué	2

头疼	tóuténg	9
图书馆	túshūguǎn	4/*10
推	tuī	10
T恤衫	T xù shān	*5

— W —

外边	wàibian	7
外语	wàiyǔ	*8
玩游戏	wán yóuxì	10
玩儿	wánr	*12
晚上	wǎnshang	8
王	Wáng	*1
微博	wēibó	*3
喂	wèi	*3
为什么	wèi shénme	*4
卫生纸	wèishēngzhǐ	11
文学	wénxué	8
问	wèn	10
我	wǒ	*1
我们	wǒmen	1
我这儿	wǒ zhèr	*9
吴	Wú	1
五	wǔ	1
武汉	Wǔhàn	12

— X —

西安	Xī'ān	12
西边	xībian	7
西装	xīzhuāng	5
喜欢	xǐhuan	6/*10
洗澡	xǐ / zǎo	11
下边	xiàbian	7
下个月	xià ge yuè	*4
下楼	xià lóu	10
下午	xiàwǔ	9
现金	xiànjīn	11
现在	xiànzài	*4
香港	Xiānggǎng	8
想	xiǎng	*5
小号	xiǎohào	5
小时	xiǎoshí	8
小时侯	xiǎo shíhou	4
小说	xiǎoshuō	9/*10
小学生	xiǎoxuéshēng	1
小王	Xiǎo Wáng	*2
笑	xiào	10
写信	xiě xìn	*11
谢谢	xièxie	6/*9
信封	xìnfēng	11
信用卡	xìnyòngkǎ	11
星巴克	Xīngbākè	11
行	xíng	6/*7
姓	xìng	*1
修	xiū	11
学	xué	7
学生	xuésheng	1
学校	xuéxiào	4

— Y —

雅虎	Yǎhǔ	11
亚洲	Yàzhōu	8
颜色	yánsè	3/*5
眼睛	yǎnjing	9
养	yǎng	10
样子	yàngzi	5
要	yào〔助〕	*4
	yào〔動〕	5
药	yào	*9
也	yě	*1
夜里	yèli	8
一	yī (yāo)	*1〔*3〕
一点儿	yīdiǎnr	8
衣服	yīfu	5
伊妹儿	yīmèir	*11
一起	yīqǐ	*4
医学	yīxué	8
一样	yīyàng	*2
医院	yīyuàn	4
以后	yǐhòu	4
已经	yǐjīng	12
以前	yǐqián	4
椅子	yǐzi	11
意大利面	Yìdàlì miàn	6
意大利语	Yìdàlìyǔ	6
因特网	yīntèwǎng	11

音乐	yīnyuè	5
银行	yínháng	4
英国	Yīngguó	6
英语	Yīngyǔ	6
用	yòng	*11
优衣库	Yōuyīkù	11
邮局	yóujú	4
邮票	yóupiào	11
游泳	yóu / yǒng	6
有	yǒu	*3
有点儿	yǒudiǎnr	*9
右边	yòubian	7
元旦	yuándàn	12
远	yuǎn	*4
月	yuè	*2

— Z —

杂志	zázhì	2
在	zài〔動〕	*4
－在	zài〔介〕	*4
在～	zài〔介〕	7
在 V	zài〔副〕	*10
早	zǎo	12
早上	zǎoshang	8
怎么	zěnme	3
怎么了	zěnme le	*9
怎么样	zěnmeyàng	*6
站	zhàn	10
张	Zhāng	1
找	zhǎo	*7
这	zhè	3
这么	zhème	11
这儿	zhèr	4
真的	zhēnde	*7
郑州	Zhèngzhōu	12
值得	zhíde	*12
中国	Zhōngguó	*1
中号	zhōnghào	*5
中间	zhōngjiān	7
中文小说	zhōngwén xiǎoshuō	10
中午	zhōngwǔ	9
中学生	zhōngxuéshēng	1
种	zhǒng	5
种菜	zhòng cài	10
住	zhù	*4
专业	zhuānyè	8
桌子	zhuōzi	11
字典	zìdiǎn	3
自我	zìwǒ	*1
走	zǒu	7
组装	zǔzhuāng	11
嘴	zuǐ	9
昨天	zuótiān	2
左边	zuǒbian	7
做菜	zuò cài	*6
坐车	zuò chē	4
做工作	zuò gōngzuò	8

植松希久磨	青山学院大学講師
何秋平	日本大学法学部講師
原瀬隆司	大東文化大学准教授

新装版
キャンパス漢語
Hanyu
（Campus 汉语）

2004・4・20　初版発行
2014・4・1　改訂版初版1刷発行
2019・2・1　新装版初版1刷発行

発行者　井　田　洋　二

発行所　株式会社　駿河台出版社
〒101-0062　東京都千代田区神田駿河台3の7
電話 (3291) 1676　FAX (3291) 1675　振替 00190-3-56669
E-mail : edit@e-surugadai.com
http://www.e-surugadai.com

ISBN 978-4-411-03121-1 C1087 ¥2100E